JN175713

デザイナーの頭の中を覗《のぞ》く

ビジネスで使える「デザイン思考」

Enomoto Yuji

榎本雄二

論 創 社

はじめに

デザインとまったく無関係に生きてきた筆者は、ある日、ひょんなことからデザイナーたちに出会った。彼らは、これまでイメージしていた気難しいアーティストなどではなく、むしろ人当たりのいいセールスマンのようで、彼らのする話や仕事にすっかり魅了された。

彼らの仕事に関わることによって、デザインを学んだ。いや、デザインというより、デザイナーの思考を学んだ。そして数年。今では、〝デザインのド素人〟のなかで最も「デザイン思考」を理解する人間のひとりとなっている（と自負する）。

デザイン思考は、アメリカのデザイン会社、ＩＤＥＯが世間に広めたものとされる。イノベーティブな製品を次々作り出すことが求められる現在、ＩＤＥＯ発の思考法は世界中の企業に注目され、日本でも東京大学や慶応大学などで講座やセミナーが行われている。彼らのデザイン思考は、新しいモノ（製品）を作ることに力点が置かれており、実践的で、作業的である。

本書で述べるデザイン思考は、ＩＤＥＯの提唱するそれとはやや異なるが、本質的には同じだと考える。そしてＩＤＥＯで定義するものよりもっとシンプルな言葉で表現できる。

「デザイン思考」の本質は、究極的には「誰かをハッピーにする物語を作る」ことにある。

デザインとは何か。筆者なりに広義に再定義すれば、あるプロジェクトに対し、最良かつエレガントな提案または解決策を提示することである。プロジェクトは、会社の経営といった大きなものも含まれる。ＩＤＥＯが会社自体をコンサルティングしているのはそういう意味だ。言い方を換えると、デザイナーの思考は経営コンサルタントのそれと似ている。

優れたデザイナーは、最良の提案を出すために、そのプロジェクト固有の物語を考える。プロジェクトが持つ強みをさらに強め、弱みを強みに変えるような物語が作れれば最高だ。物語は、「プレゼン」というかたちで依頼者に発表する。ビジュアルなどを駆使して、依頼者がグッとくるような（つまり説得力抜群の）物語をそこで語るのも、デザイナーの役目である。

そう考えると、優秀なプランナーやプロデューサー、会社の企画担当者もまた、デザイナーと同様の思考回路で何かを作り出していることに気付く。デザイナーが彼らをまねたのか、彼らがデザイナーをまねたのかは分からない。いずれにせよデザイナーが彼らと異なるのは、せいぜい求められる成果物がややビジュアルに偏っていることぐらいに過ぎない。

その意味でデザイン思考は、かなり広範囲な場面で大きな成果が挙げられる可能性を秘めている。新製品を考案するとか会社を再構築するとかいう以前に、もっと身近な、自分の仕事のクオリティを高めるために有効なスキルだとも言えるだろう。

特にイノベーション力の衰退が指摘され、課題先進国とも言われる日本では、ますます欠かせないものになっていくだろう。プロジェクト進行にあたって、デザイナーがメンバーに加わるケースはますます増えていくに違いない。

といっても、我々がデザイナーになる必要はない。ただデザイン思考ができるだけで良い。プロジェクト担当者の中にデザイン思考ができる人が多ければ多いほど、プロジェクトの精度が上がるからである。デザイン思考ができる人は、より良い案を構築するための水先案内人になることができる。そのような人が多くなることで素晴らしいプロジェクトが続々と生まれ、イノベーションが促進されていくはずだ。そうなれば、日本の未来は必ず明るいものになるだろう。

だからこそ、デザインのド素人でも簡単に「デザイン思考」ができるようになる本を書きたいと思ったのだ。筆者は現在、海外で暮らしている。外から見る日本はか細く、弱い国になりつつあるように感じられる。別に強い国になってほしいとは思わないが、少なくとも幸せな国になってほしいと切に願う。

榎本 雄二

デザイナーの頭の中を覗《のぞ》く——ビジネスで使える「デザイン思考」　目次

第Ⅰ部　デザイナーから学んだ「デザイン思考」

第一章 「デザイン思考」とは

1 なぜデザイン思考なのか

ここでは、デザイン思考が注目されるようになった背景を説明するとともに、本書におけるデザイン思考について紹介する。

二〇一二年、リクルート社が製造業従業員に対し、製造業の将来についてアンケートを行っていた(「リクナビNEXT 製造業はどうなる？ メーカー技術者四〇〇人の声・後編」)。当時は大震災(二〇一一年三月一一日)もあってお先真っ暗な世相にあった。

そしてアンケートの結果も予想通り悲観的なものだった。つまり日本の製造業は今後、ますますシュリンクしていくというものである。

とはいえ、このまま座視するわけにもいかない。

我々はどうすればいいのか。

それに答えるかのように、このアンケートでは製造業復活の手段についても質問している。そこで最も多かった回答が「得意分野への選択と集中」。他に「国の政策支援」、「経営努力」、「コストダウン」などだった。
これらの手段は確かにそれなりに説得力があると思われる。とはいえ、それを実行して本当に将来復活すると誰が思うのだろうか。確かに多くの日本企業がすでにこれらを行っており、実際に好転している企業もある。国もまた、必死でその動きを支援しようとしている。にもかかわらず、当時の趨勢からみると、延命策のように感じられてしまう。つまり、本質的な打開策になっていないようにみえるのだ。

どうしてこうなってしまうのか。
もはや「協議を通じて合意を図る」という方法では、最適解が生まれなくなっているからである。アンケート回答者は、個人に対する問いかけなのにもかかわらず、合議されやすいアイデアを出している。合議を前提とした発想が身についてしまっているのだろう。

合議制で最適解が生まれにくくなっている背景には、「問題の高度化」、「問題の複雑化」、そして「専門の細分化」がある（堀井秀之著『問題解決のための社会技術』中公新書、二〇〇四年）。目標や問題が比較的シンプルだったかつての日本に比べ、現在われわれが置かれている状況は複雑で多様である。目標や問題も、もつれ合った糸のように分かりにくくなっている。そして、グローバル化でますます世界が変化しやすくなっている現在、問題解決を悠長に考えている時間すらなくなってしまったのである。

このような背景下での合議制は、本質を見失うと同時に実行力を失ってしまう。あるいは、専門的すぎて、一般の人に理解されなくなってしまう。または価値観が多様化していることから、結局合意が得られなくなってしまう。

デザイナーなら、製造業従業員がアンケートで回答したような提案をそもそもしない。もっと「夢」や「希望」のある提案をするだろう。彼らにはそのように思考するクセが身についているからだ。

ビジュアル志向であるためだろう、デザイナーの思考過程は一般人のそれとは少し異なる。たとえば、現在の学校教育はよくないから改革しようと考えたとしよう。一般の人なら、まず現状の問題点を精査するだろう。そして問題点が出たら、それを改善するための案を練ることになる。しかしデザイナーは逆だ。まず子供たちが将来、活き活きと勉強している未来の姿を想像する。次に、未来の子供たちがなぜ活き活きと勉強しているようになったのかを考える。最後に、ではなぜ現在そうなっていないのかを考えるのだ。

このような、未来の「夢」や「希望」を出発点にして提案する力、すなわちデザイナーの思考のほうが、最適解が生まれやすくなっている時代に入っていると筆者は感じる。

しかし、デザイナーたちの提案が具現化する可能性は、現状では少ない。

なぜなら、(徐々に変化しつつあるとはいえ)意思決定する人々は依然として従来の方法、つまり市場調査を踏まえたり、合議によって結論を出したりするため、結局無難な提案を採択することになるからだ。

決定的な間違いは少なくなるかもしれないが、従来の決定方法には欠点がある。無難過ぎてイノベーションが生まれないとか言う以前の問題だ。つまり、そこには夢がない。希望がない。

企業だけにとどまらず、現在の日本社会全体で、夢や希望のある将来像が求められている。それなのに意思決定権者は、そこから顔をそむけがちになっている。低成長社会に生きる人々の性（さが）なのだろうか。

当然、それではダメだ。今こそ、夢や希望のあるプランが求められている。そしてそれができるのは、デザイナーである。デザイナーと知り合い、話を聞き、実践する姿を通じて筆者は、彼らの発想力こそが今後の日本にとってますます必要なものになっていくという確信を深めた。デザイナーが日本を救う。本気でそう考えるようにまでなっている。

本書で紹介するデザイナーは、決して国家をデザインするような人々ではない。しかしその思考方法をもってすれば、国家の未来をも変えられると思うのだ。

デザイナー志望の人や一般サラリーマン以上に、意思決定にかかわる人こそがデザイン思考を学び、実践する時代が待たれる。

2　デザイン思考の概要

ではデザイン思考とはいったいどのようなものか。本書では、デザイナーたちから学んだ思考法をなるべくシンプルに、分かりやすく説明したい。

「はじめに」でも少し述べたように、デザイン思考の本質は、究極的には「物語を作ること」にある。

どんな物語か。簡単に言えば、あなたのデザイン（提案）を通じて、クライアントを「アンハッピー」から「ハッピー」に変えるまでの時間の流れである。

たとえば、耳がよく聞こえなくて困っている人がいる。その人はアンハッピーな気持ちにある。あなたはこの人に補聴器の使用を提案した。補聴器をつけると、その人は耳がよく聞こえるようになり、喜んだ。つまりハッピーな状態に変化した。これぞ本書でいう「物語」である。「人をアンハッピーからハッピーに変えるまでの時間の流れ」を考える。デザイン思考の本質は、これだけである。

ところが、世の中には何がハッピーなのかあるいはアンハッピーなのかが分からない場合がある。それでも物語を作らなければならないケースに備え、もう少し詳しく説明しておこう。

そのためには、読者にデザインの世界に行ってもらう必要がある。以下では、自分が海外で働く新米デザイナーになったつもりで読んでほしい。

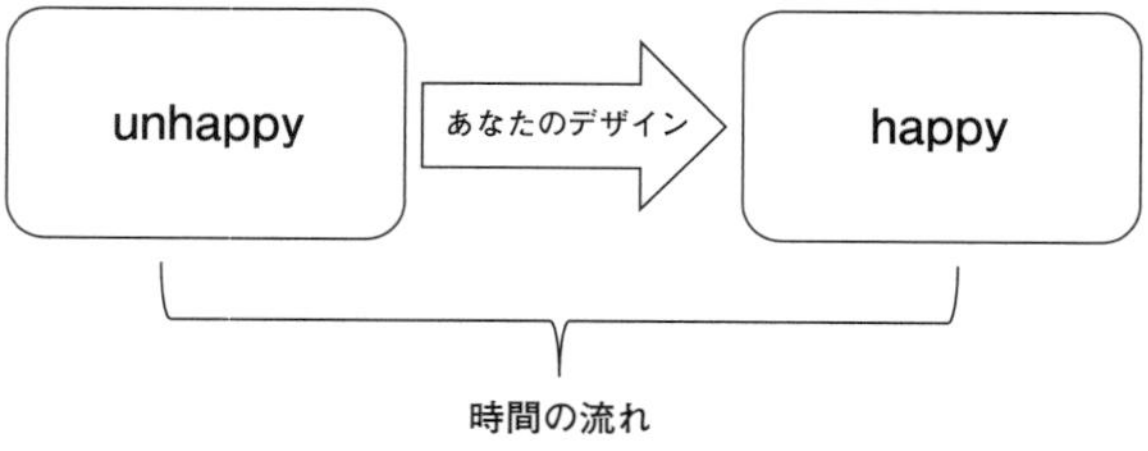

良いデザインとは何か

あなたは海外で働くことになった若手・イケメン・新米インテリアデザイナーだ。かっこいいインテリアデザインで海外の人を驚かそうと、毎日必死で新しいデザインを作り出している。そんなあなたに、同僚も一目置くようになった。青い目をした女性デザイナーが、キラキラした目をして話しかけてくることも少なくない。

意外なことに、上司がそんなあなたを心配している。ところが当の本人は上司の心配する理由が分からない。なぜなら、みずみずしいヒラメキを駆使しながら、自分で言うのもなんだが、かなりいいデザイン作っているからだ。ある日、そんなあなたに上司がレクチャーしてくれた。講義テーマはコンセプトについてだ。

上司が尋ねた。「良いデザインとは何か?」

パッと浮かんだのは、安藤忠雄や隈研吾の建築と、iPhoneだった。それから、無印良品の製品も浮かんできた。いずれもシンプルな作り。だから何となく「無駄がそぎ落とされたもの」と考えたが、質問の幅が広すぎてやっぱり答えづらい。

すると上司は付け加えた。「プロのデザイナーにとって、良いデザインとは何か?」

「プロ」か……。なるほど、そう言われると何となく聞きたいことが分かってきた。プロは趣味の人ではなく稼ぐ人だ。お金を稼ぐためには金を払ってくれる人が必要だ。「顧客」という言葉が浮かんだ。そうだ。顧客が喜ぶデザインということじゃないだろうか。

あなたがそう答えると、上司は「その通り。デザイナーはアーティストじゃない。アーティストは自分の作りたいものを作り、その作品を評価した人が買い、それで生活する人だ。一方、デザイナーは、まず顧客がいる。そして顧客が欲しいものを作ることで報酬が与えられる。つまり出発点が違うのだ」と言ってから、「では、顧客にとって良いデザインとはなにか」と尋ねた。

何だろうな……。悩んでいると、上司はさらに「顧客とは誰か」と尋ねた。これは簡単だろう。顧客とは、我々に依頼してくるクライアントだ。

上司が黙っている。他にも答えがあるのだろうか……。もしiPhoneのデザインを依頼されたら、クライアントはアップル社だ。デザインするときは、アップル社が喜ぶデザインをすることがプロデザイナーの仕事である。しかし、アップル社が喜ぶデザインっていったいどんなものだろう。そうか。iPhoneを使う人が喜ぶものだ。顧客というのは、アップル社だけでなく、アップル社の製品を使うユーザーもいる。

上司は「その通り」と答えた。「顧客には、『顧客』と『顧客の顧客』の二種類がある」と言った。そして「質問を言い換える。『顧客にとっていいデザイン』を作る方法は?」と尋ねてきた。

これは難しい問題だ。それが分かれば苦労はない。そう皮肉ると、上司は「まあね」と言って笑った。

顧客を知る、顧客に伝える

上司は言った。「『顧客にとっていいデザイン』を作るために何をすべきか。顧客の顧客(アップル社だったらアップル製品を使うユーザー)について一通り把握しておく事が前提となるが、まず大事なことは、我々の顧客を知ることだ」。

まあ確かに、顧客の要望を詳しく知らないと、顧客の喜ぶデザインはできないだろう。でも、それはやっているつもりだが……。

上司は、「以前から思っていたのだが、君は顧客を真の意味で理解していない。まあ君のような外国人には、それは簡単なことじゃないだろうがね。まず言葉の壁があるだろう。さらに文化や生活習慣の差もあるし、センスや感覚の差もあるんだから」と、同情するように言った。「しかも」と上司は続けた。「外国人にとって、自分のデザインの良さを我々の顧客に伝えることも難しい」。

確かにそうだ。あなたは英語が不得意である。ガックリしているあなたを、上司は優しい目で見つめる。

「だからこそ、コンセプトを作る必要がある。コンセプトは、『顧客にとっていいデザイン』を作るための基本ツールだ。そして、言葉や文化の差を超えて顧客に分かりやすく伝えるツールでもある」。コンセプトを作ればいいというのは分かる。大学でもそう学んだ。しかし疑問を感じている。なぜならあなたは、プレゼンするときにちゃんとコンセプトも提案しているからだ。

上司はあなたの疑問に答えるように言った。「コンセプトは、顧客の本質的なニーズやウォンツを内包するものでなくてはダメだ。そして言語や文化を超えるほどに明確な表現でなくてはダメなんだ」。

続けて「君のコンセプトは、それが弱い。顧客の本質的要望を踏まえてないし、分かりにくい」と冷たく言い放った。

一方的に批判されたあなたは、意気消沈した。そんなにダメなのかな……。

「実は外国人の君だけでなく、我が国の若いデザイナーも分かりにくいコンセプトを作りがちだ。明確な表現が必要なのは外国人デザイナーだけの話ではない。デザインの可否を決めるのは一人のクライアントでなく複数の場合が多い。思惑や背景の異なる複数のクライアントから認めてもらうためには、それこそ言語や文化を超えるほどに明確な表現が必要とされるんだ」。

そう言い終わると、上司は優しい眼差しに変わった。

「実は外国人のほうが、明確な表現をするスキルを身に付けやすい。君も仕事を続けていれば分かると思うが、外国人デザイナーは相手に誤解されないように、できるだけ簡単な表現を使おうと注意する。それに、我が国が持つ微妙な習慣、美意識、機微がよく分からないから、もっと本質的なところから話を始めるようになる。英語の下手な君をあえて採用したのは、そんな期待も含まれていたんだよ」。

突き落としてから、ちょっと持ち上げる。そんな上司の語り口に、若干気分がよくなった。

「だから君のために、いいコンセプトを作るためのコツをちょっと教えてあげよう」。

コンセプトの作り方

「いいコンセプトを作るために必要なものはふたつ。ひとつは『顧客の本質的ニーズやウォンツを内包するもの』だ。なぜなら、そこから話をスタートさせれば、どんな素っ頓狂な提案であっても、大きくズレることはないからだ。

もうひとつは『言語や文化を超えるほどに明確な表現であること』だ。さっき述べたように、クライアントは複数の場合が多い。さらにこれら複数のクライアントは、各自の部下または上司に君の提案を伝える必要が出てくるだろう。その過程で、君が表現したかったたくさんのこと、または微妙なニュアンスは切り捨てられてしまうはずだ。厳しい上司だったら、報告する部下に対し『一言で言え』と言うかもしれない。そう考えると、より多くの人に受け入れてもらうためには結局、小学生でも分かるほどの明快さが必要とされるわけだ」。

顧客の本質的ニーズやウォンツを内包した提案の作り方

「『顧客の本質的ニーズやウォンツを内包するもの』を作るために、どうしたらいいだろうか。まずこの図を見てほしい」。上司はパワーポイントで作った図を投射させた。

「この図はクライアントの頭の中だと考えてほしい。頭の中のコアにあるのが顧客のニーズやウォンツの本質だ。しかし若手デザイナーは、表層のニーズやウォンツからコンセプトを組立てようとしがちだ。良いコンセプトを作るためには、顧客の最も深層の部分を見つけ出し、そこから始める必要がある」。

なるほど。確かにそんなこと考えたことがなかった。

「本質的なニーズやウォンツは、しばしばクライアントの夢や幸福に関連することが多い。言葉を換えると、彼らの夢や幸福を知ることは、いいコンセプトを作るための近道だと言えるね。考えてごらん、たとえクライアントにとって全く想定外の

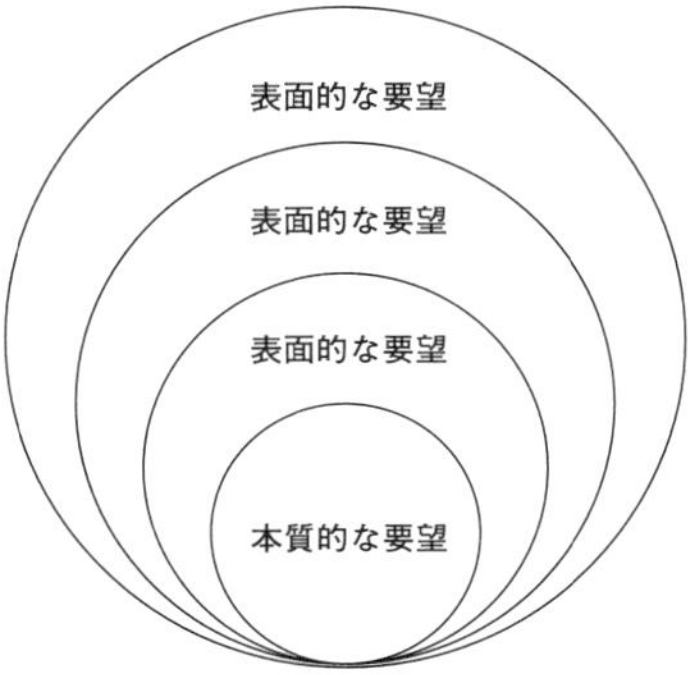

顧客の心の中

提案だったとしても、それがクライアントの夢や幸福に基づいたものだったら、簡単に否定はできないだろう？」。

まあそうかもしれないが……。しかしクライアントに「あなたの夢は何ですか？　あなたにとって幸福とは？」なんて、ちょっと聞きづらい。それとも、この国ではそんな風に聞いても大丈夫なのだろうか。

そんな疑問を見越したように、上司は続ける。「では、どうやってクライアントの本質的なニーズやウォンツをつかむべきか」。

どうやらこの国でも、直接的な質問はよくないみたいだ。

「メソッドのひとつを教えてあげよう。『Why×3』だ」。

Why×3？　どういう意味なのか。

「文字通り、『なぜ』を三回繰り返すという意味だ。たとえば、住宅の内装デザインを依頼してきたクライアントがいたとしよう。彼女は『青い部屋を作ってほしい』と言っている。君だったら、どんなデザインをするだろうか。もちろん、言われるままに青い部屋を作ってはダメだね。君なら尋ねるだろう？　なぜ青い部屋なのかと」。

それはそうだ。ハイそうですかと青ペンキを塗るだけじゃ、プロの仕事とは言えない。

「『どうして青い部屋なんですか』と、君は彼女に尋ねるはずだ。これが第一の「Why」だ。すると彼女はこう言った。『青い空が好きだからです』と。そう言われて、君だったらどうする？」。

そうか。さらに尋ねるだろう。「どうして青い空が好きなんですか」と。

「そうだ。すると彼女は言った。『二〇一〇年の夏、わたしは母と山登りに行きました。その時に見た空が忘れられなくて』と」。

夏の空。山の緑。そんなイメージが思い浮かんだ。

「しかし、君はさらに彼女に質問しなければならない。『どうしてその思い出が印象深いんですか』と」。

三つ目のWhyか。確かに、いったいどうしてなんだろう。

「彼女は答えた。『母は二〇一一年に亡くなりました。前年の山登りが、母との最期の思い出なんです』」。

そうだったのか……。

「ここでやっと、彼女の求めるデザインが表に出てきた。彼女が求めるのは青い部屋ではなく、母親との思い出が感じられる部屋だったのだ」。

なるほど。もし単なる青い部屋を作っていたら、彼女は失望したことだろう。

「クライアントはしばしば、自分が本当に求めるものが分からない。表面的な要望だけを言うことがあまりにも多い。デザイナーは、まるで心理学者のように、あるいは経営コンサルタントのように、クライアントの心の奥底を探る必要があるんだよ」。

ざっくりとした上司のたとえ話だったが、何となく納得はできた。でも、これはあくまでたとえ話であって、実際には深く踏み込んで顧客ニーズを聞き出すのはなかなか難しい気がする。

「君は若いから、なかなか心の奥に踏み込むことができないかもしれない。だから当分は、『Why×

3』を思い出しながらクライアントと話をしてくれたまえ」。

コンセプトを明確に表現する方法

続けて上司は、言語や文化を超えるほどに明確な表現をする方法について話し始めた。

「コンセプトを明確に表現するためには、すでに述べたとおり、顧客のニーズやウォンツの本質を把握することが前提となる。その次の段階として、二つのポイントを挙げておく。一つ目は、『ストーリーがあること』。二つ目は、『顧客のためだけのストーリーであること』だ」。

ストーリーがあることか。大学時代にも教授から、「君の提案にはストーリーがない」と言われたことがあったっけ……。

「ストーリーとは、君のデザイン提案を通じて、クライアントを『アンハッピー』から『ハッピー』に変えるまでの時間の流れを指している。これは以前も君に伝えたことがあるね。二つ目の、『顧客のためだけのストーリーであること』は、少し説明が必要だろう」。

そう言って上司は、パワーポイントを操作した。すると画面にカラフルな洋服の画像が現れた。

「これはH&Mで売られている服だ。H&Mの製品には良い点がある。最新ファッションの服が安く買えることだ。でもこれらの服は、君のためだけに作られたわけではない。だから君も、結局は値段相応の価値しかないと思っている」。

確かに以前、街を歩いていたら、前から自分と同じ服を着ている人が歩いてきて恥ずかしかったな。その時はユニクロだったたが。

「君が作るストーリーは顧客のためだけのものでなくてはならない。なぜなら君がデザインするものは既製品じゃないからだ。我々のデザインはクライアントの要望に応じて作られる。それはクライアントにとって貴重なメリットだ。しかしデメリットだって少なくない。まず値段が高い。そして、デザイナーに自分の要望を色々と説明しなくてはならないので面倒くさい。だからこそ、メリットが強調される必要がある。『これはあなただけの提案なんだ』ということを、クライアントに強く意識させる必要があるのだ」。

「クライアントのニーズやウォンツの本質を把握し、クライアントの抱える本当の要望または問題を、君のデザインを通じて解決または具現化し、その結果、顧客がハッピーになる。この一連の流れを物語としてとらえる。そしてその物語は、クライアントだけの物語となっている。少なくともクライアントに、『この提案は自分だけのために作られたものだ』と思わせる必要がある」。上司はそう話をまとめた。

物語の作り方

ストーリーを作る。構造的には分かったが、実際に自分がやるとなると、できるかどうか不安だ。もう少し、具体的な方法が知りたいものだ。

「ではもう少し詳しく、ストーリーを作る方法を教えてあげよう。色々な考え方があるだろうが、私の考えではストーリーを作る際、事前に五つのステップを踏むことが必要だ」。

そう言って上司は、ホワイトボードに箇条書きした。

1　知る：顧客の本質的なニーズまたはウォンツを知る

「これについてはもう説明はいらないだろう」。

2　ビジュアルでイメージする：デザインしてから五年後または一〇年後に、顧客が笑っている姿をリアルにイメージする

「我々の仕事は、簡潔に言えば『顧客の夢を実現すること』、『顧客の問題を解決すること』だ。要は、クライアントをハッピーにすることである。これは絶対条件だ。だからこそ最初に『顧客がハッピーになった姿』を具体的にイメージすると良い。自分自身のモチベーションにもつながるしね。どこかのマネジメント本に書いてあるように、『ゴールから考える』というわけだ。

デザイナーはビジュアルでイメージするのが得意だ。だから君も顧客の未来の姿をイメージするのは難しくないと思う。そしてその姿は、五年後、一〇年後であることが望ましい。デザインの多くは、五年後、一〇年後まで残る。短期的な視野によるデザインは、すぐに飽きられ、薄っぺらいものになってしまう」。

うん。イメージするぐらいなら、確かにできそうだ。

「とはいえ、君もそのうち経験するだろうが、薄っぺらな提案がしばしば短期的に顧客を喜ばすこと

もある。短期的にしか物事を見ない顧客だって少なくないからね。しかしそれは顧客の本当のハッピーにはつながらない。そういうデザインが欲しいのなら、既製品で十分だ。我々はそのようなレベルのデザイン会社ではないし、クライアントが我々に支払う金額も安くない。表面的な解決策だけでは顧客を満足させられない。だから我々は五年後、一〇年後の顧客の姿、つまり顧客の本当の幸せをイメージしなければならない」。

3　想像する：顧客が笑っている理由（夢が実現した？　問題が解決した？）を想像する

「クライアントがハッピーになっている姿を十分にイメージできたら、次にどうしてクライアントがハッピーになっているのかをゆっくり想像してみよう。君の力によってハッピーになったんだ。きっと君に感謝しているだろう。君への感謝の言葉は、いったいどんなものだろう」。

4　考える：どうやって君は顧客の夢を実現させたのか。または問題を解決させたのかを具体的に考え抜く。

「ここでは、君が具体的にどんなことをして顧客をハッピーにしたのか。それについて頭をひねりながら考えなければならない。しかし、人を幸せにするというのは気分がいいものだ。きっと楽しみながら考えることができるはずだ。

まあ、ここは一番面倒でやっかいなステップだけどね。言うまでもないことだが、顧客の夢を実現させる、あるいは問題を解決させるための方法は、プロジェクトによってそれぞれ異なる。また顧客は多くのお金と時間をプロジェクトに注ぎ込んでいるのだから、彼らだってその方法を必死に考えているだろう。そんな顧客が考えている以上の提案をしなければならないのだから大変だ」。

これは難しい。いままでそこまで深く考えてデザイン提案をしたことはない気がする。

「そう、ここがありきたりのデザイナーで留まるか、突出したデザイナーになれるかの境目だ。様々な観点から考えるのが大切だが、ここでは基本的手法をひとつ挙げておこう。これは商業施設のデザインで最もよく使われる手法だ。

まずプロジェクトの持つ優位性を箇条書きしてみる。そしてその優位性をさらに引き立てる方法を考える。次にプロジェクトの持つ劣位性を箇条書きしてみる。そしてその劣位性を補う方法や弱みを強みに変える方法を考える。さらに、そのプロジェクトでしか実現しない付加価値について思いをめぐらせ、それを強調する方法を考える」。

しかし、これはデザイナーではなく、むしろビジネスマンがやる仕事じゃないだろうか。

「確かにそうだね。そしてすでに顧客はそのような分析をしているかもしれない。ところが、彼らの分析はデザイナーの分析と異なる場合がある。おそらく、データを捉える観点が違うからだろう。言い方を換えれば、我々の強みはまさにそこにある。我々は、デザイナーの観点でビジネスを捉えるべきだ。そのためには、ビジネスについても最低限把握しておく必要がある。『ＳＷＯＴ分析』など、コンサルティング・ファームが提唱している様々なツールがここで役に立つことが多いから、そのような本をよく読んでおいた方がいい。そして君はビジネスのツールを使いつつ、デザイナーの観点から分析すべきなのだ。『ビジネス』という共通言語が間に入ることによって、クライアントと我々の意思の疎通がしやすくなるというメリットも生まれる」。

5　表現する：4で考えたアイデアを、簡単な言葉で表現する（これがコンセプトワードとなる）

「ここまでくれば、もう簡単だ。4で考え抜いたアイデアを、簡単な言葉で表現すればいい。これがコンセプトワードとなる。その言葉は、しばしばとてもありがちなものとなる。たとえば『鳥の声が聞こえるレストラン』とかね。さっきの話で言うと、『青い部屋』というコンセプトワードだってあり得る。しかし、その単純な言葉の裏には豊かなストーリーがあることを、コンセプト全体できっちり伝えれば、顧客はそれを単純なものとは思わなくなる」。

「ここまでがストーリーを作る前の段取りだ。では実際にストーリーを作ってみよう。これは簡単。ひっくり返すだけだ」。

①コンセプトワードを提示する。
②顧客には夢がある、あるいは問題があることを指摘する。
③顧客の夢を実現化する、あるいは問題を解決する方法を提示する。
④顧客が喜び、一〇年後もハッピーに過ごしている姿を提示する。

「コンセプト案を作る際は、最初に①のコンセプトワードを置く。案のタイトルだね。そしてどうしてその案になったのかを②と③で説明していく。そして④が具体案だ。提案用のフォーマットを作ろうと思えば作れるが、すでに述べたように、我々はその顧客だけのストーリーを提案しなければならない。フォーマットを作ったら、全ての提案が画一的になるリスクがある。だから、わが社ではフォーマットは極力作らないようにしている」。

あの、しかし依然として説明が十分に概念的なんですけど……。キョトンとするあなたを見た上司は、ちょっと落胆するように言った。

「ここに書いた箇条書き、メモしたな。実際にコンセプトを作るとき、それを見ながらやってみればいいだろう。そうすれば、君でも分かるようになるよ」。

それでも不安そうなあなたを見て上司は、すぐにホワイトボードに目を移し、本日のまとめを書き込んだ。

コンセプトの提案とは、
1　ビジョン（＝夢）の提示であり、
2　ビジョン（＝夢）が実現した状況を疑似体験させる場である。
3　疑似体験のためには、「ストーリー」を作ることが有効となる。

こう書いてから上司は、「ただしデザイナーは小説家ではない。言語で表現できないものも提示すべきだ。言葉だけでなく、イメージや平面、立体も提示する。これこそデザイナーらしい表現じゃないかな」と言った。

続けて「以上をクライアントが納得すれば、強いビジョンの下、クライアントもデザイナーもぶれることなく、一丸となって、夢の実現に突き進むことができるのだ」と付け加えた。

解説

上記した対話は、筆者の在籍する中国雲南省昆明にあるデザイン会社で、中国や欧米のデザイナー相手に筆者が実際にレクチャーしたのを脚色して再現したものである。これはコンセプトの作り方について語ったものだが、本書で言うデザイン思考は「顧客がグッとくるコンセプトを考えること」とほとんど同義である。

デザイナーでもないのにデザイナー相手にこのような講義をするのは、今考えても不遜だったと思う。しかし、この会社にいるデザイナーは、若手が多いこともあり、アーティスト気取りだったり、コンセプトとは自分のインスピレーションのことだと思っていたりする人が少なくなかった。

筆者はそんな彼らに大きな危機感を持つと同時に、彼らが正しくデザイン思考をすることで大きく羽ばたくことができるという期待感があった。日本のデザイナーに出会い、学んだことにより、筆者はデザイナーの思考方法を把握していた。だから、あえて上のような講義をしたのだった。

そして筆者の提案した思考方法に基づいてデザインをするようになり、彼らに対する顧客の評価が上がるようになった。特に商業デザインでの受注率が大きくアップした。この成果を見た筆者は、日本人デザイナーから学び、自分なりに咀嚼したものに対し、一層の自信を持つようになった。しかし、そもそもド素人の筆者が、なぜプロのデザイナーに講釈を垂れる立場にいるのだろう。

デザイン業界にもデザインのド素人は大勢いるはずである。筆者は平凡な人間である。それなのに、どうしてデザインド素人のなかで最も「デザイン思考」を理解する人間のひとりとなれた（と自負する）のか。

あらためて自問すると、思い当たるフシがある。そこには確かに――決して大したものではないが――ちょっとした事前レッスンのようなものがあった。そして、それはド素人がデザイン思考家になるために欠かせない「物語を作る」ための素養だったのかも知れないと思うようになった。デザイン思考をするためには、ある程度それらを意識し、磨く必要があるのかもしれない。とはいえ、それらは誰でもやっていることである。つまり誰でもデザイン思考家になれるのだ。

第二章　「デザイン思考」の準備体操

1　発想力

デザイン思考をするうえで前提となる素養は「物語を作る力」である。自らを顧みると、それらは三つの素養から成り立っている。発想力、構想力、表現力である。そしてこれらは、程度の差こそあれ、誰もが経験しているものである。だから、これらを意識化することで、おのずとデザイン思考の準備体操をしていることになる。

ただし準備体操の後には若干の実践練習が必要かもしれない。いずれにせよ、デザイン思考は誰でも身に付けられるものであり、本書を読めば練習自体も少なくて済むと考える。

発想力は、二つの習慣から成り立っているように感じる。一つは無駄知識（雑学）を身に付ける習慣。もう一つは相対化して考える習慣である。

無駄知識を身に付ける習慣

まず無駄知識について。いい発想を生むには、やはり広い範囲の情報から素早くヒントとなる知識を拾ってくる能力が必要である。

よく言われるたとえに、スティーブ・ジョブズが学生時代（正確には中退後）、興味のおもむくままにカリグラフィー（西洋書道）の授業を聴講したという話がある。後の仕事とはなんら関係のないもののように見えた知識が、アップルコンピュータを世に広める際には欠かせないものとなった。

デザイン思考をするためには、そんな「ピンと来る」かもしれない情報を、あらかじめ、大量に、明確な意図もなく頭に仕込んでおく必要がある。

確かにネット上には情報が無限にある。だから検索すれば欲しい情報にすぐアクセスできるだろう。しかし、より深い情報は、自ら積極的に、掘り下げて見つける必要がある。そのためには、時間や手間が必要だ。しかし時間や手間以上に必要なのは、「知りたい」という強い情熱だ。

高度情報社会においては、誰もが入手できる浅い情報の価値はますます低下していくだろう。一方、深い情報は、時間と手間がかかるだけに貴重なものとなり得る。時間や情熱があり余る若者は、貴重な情報が入手しやすい環境にあるのだからチャンスだ。もちろん、オヤジ（オバサン）にはオヤジ（オバサン）なりの優位性がある。「知りたい」という情熱さえあれば、お金を使うことで効率的にそれを得ることができるからだ。

いずれにせよここで言いたいのは、有用な知識を得ることはもちろん、無駄知識を得ることに対しても、もっと自覚的であれということである。デザイン思考を日本に紹介している人のひとりに棚橋弘季氏がいるが、同氏の言う通り、「結局、デザイン思考の仕事術でこれまでにない発想を生み出そうとすれば、努力して様々な知識・情報を集めておくことが必要」（『デザイン思考の仕事術』日本実業出版社、二〇〇九年、一八五頁）なのである。

努力して知識を得るのは面倒くさいことだ。しかし、自分の興味に対してなら、情熱を持って知識・情報を集めておくことができるはずである。何でもよい。興味を持ったことに対して貪欲に知識を吸収するべきである。無駄知識を得ることは、勉強というより娯楽だ。楽しみながら蓄積していくことがコツだと思われる。

筆者は文学部出身で雑学志向だった。小説や音楽、映画や漫画など、一般的にどうでもいいことばかり興味を持っていた。社会的に見れば役立たずの人材であり、当然、就職活動は（ロクにやらなかったとはいえ）散々だったし、実社会でもアホ丸出しな状況が長く続いた。まじめに会社に通うこともあったが、多くが興味や縁のままにパチンコ雑誌を作ったり、中国に行ったり、雑文を書いたりするという、なんともポンコツな人生を歩んできたのである。かつて上海に関する本を書いたことがあったが、今読み返すと我ながら異常にマニアックな知識が詰まっているように感じる。その一方、当時の自分としては重要だった情報が、今となってはどうでもいい情報にも思える。単なるオタク本と思われても仕方がない。

しかしこのような自分の無駄知識が、まさか後になってビジネスで役に立つとは、当時はさすがに思いもつかなかった。

日本の現状

「大人」から見て無駄なことばかりに興味を持つ若者は――由々しきことなのだろうが――今の日本

でますます増えているように感じる。その理由として、日本が物質的な豊かさに続いて、精神的な豊かさの時代へと移行していることがまず挙げられる。かつては、金にならないことに熱中できる若者の多くは、金持ちの子弟だった。ところが今は、家庭が裕福であるなしにかかわらず、貴族のようなセンスの若者ばかりが日本にあふれ、金儲けよりも自分の趣味とか、人の役に立つことなどにつながる仕事に就きたいと考えている。あるいは、高等遊民さながら、そもそも仕事をしたくないと考えている。

無駄なことに熱中する人が増えたもう一つの理由として、日本人に「凝りはじめたらとことんやらないと気が済まない」という職人的気性が伝統としてあることが挙げられる。

それがいい方向（有用なもの）に傾くと、職人になったり芸術家になったり、教授になったりする。一方、それが悪い方向（無用なもの）に傾くと、オタク的存在になっていく。

アニメや漫画、アイドル、あるいは鉄道ばかりに熱を上げるといった、いわゆるオタク志向の人は、専門家から見ても恐ろしい位の精度で知識を深掘りしている人が少なくない。もしその情熱を別の方面にも拡散させていくなら、無駄な知識がさらに広がっていくだろう。そしてその知識こそ、実はデザイン思考する際には強力な手助けをしてくれるものになるのだ。

しかし、オタクな若者が、別の分野に視点を変えることなどできるのだろうか。話がますますステレオタイプな「日本人論」じみてきて恐縮だが、それは可能だと思われる。なぜなら、外国から眺めた日本人は、かなり「他者志向」だからである。日本人の他者志向には、「人の目を気にする」、「周りに同調する」という面だけでなく、「人のために何かをしたい」という面がある。つまり「自分が何かをしたい」と考えるより、「人のために何かをしたい」と考えたほうが、モチベーションが飛躍的に上がる人が多いのだ。

だから自分だけに向いていた若者が、もし「他者（社会と置き換えてもよい）のために何かをしてあげたい」という出来事に出会ったら、彼は自分の情熱を様々な分野へと広げていくに違いない。

そんな風に考えてみると、やり方によっては、日本はさらなるデザイン大国になれるのではないかと、楽観的な気持ちになる。

やや古い話だが、漫画家の小林よしのり氏がかつて自分の漫画の中で、自分は漫画ばかりやってきて世間知らずである、だから自分は「井の中の蛙」に過ぎないと言った後、このことわざには続きがあると指摘した。「井の中の蛙、大海を知らず。されど、空の青さを知る」と。つまりひとつの道は全ての道に通じるということである。そして同氏は、狭い分野にとどまっていた自分の興味を社会全体に拡散させ、「ゴーマニズム宣言」という社会派漫画を描いた。その内容の良し悪しはともかく、当時において漫画という媒体が言論メディアに与えた影響力は計り知れないものだった。

相対化して考える習慣

発想力を高めるには、言うまでもなく、普通の人とは異なる着眼点が必要だ。そのためには、自分のいる場所にどっぷりつかったままではなく、時には俯瞰的に自分の立ち位置を眺める必要がある。つまり相対的な視点である。

棚橋弘季氏は、自分の思考の枠組みの外に出てさまざまな人の立場で物事に触れられる力を養うためには、「まず自分自身の好みを探る必要がある。自分の好みを知るためには、自分の固定観念の外に出られるかがポイントとなる。好みは自分の外の世界にあるものに数多く接することでスクリーニングされる」（前掲書、二二〇頁）と指摘している。自分を知り、他者を知ることで、相対的な観点が養われるのだ。

筆者の場合、大学で中国文学を専攻した縁で、中国とかかわりを持ち、現在そこで暮らしている。日本以外の国で暮らすと、確かに相対的な視点を持ちやすい。中国で生活していると、中国とは何かを考えるよりも、むしろ日本とは何かを考えることが多くなる。たとえば「なんで日本ではみな信号をきちんと守るんだろう」と言った、最も基本的な疑問が生まれやすくなる。

だから自国文化以外の文化を知るというのは、相対化して考える習慣を身に付けるのに最も手っ取り早い手段だとつくづく思う。海外旅行は、楽しみながらそれを身に付けることのできる、数少ない楽チンな方法のひとつなのだ。

ただし外国を訪れる際に気をつけたいのは、フランス人研究者であるオギュスタン・ベルクの指摘する以下の言葉である。

「ある土地に土着の人にとって、よそから来た素朴な視線は上つらだけのものに感じられる。意味のある細部を見ようとせず、すべてをごっちゃにしてしまうからである。実際外来の者の視線は繊細さを欠いている」（オギュスタン・ベルク『日本の風景・西欧の景観』講談社現代新書、一九九〇年、四〇頁）。

そう注意を促す一方、ベルクは以下のように続ける。

「けれども反対に、外からきた人が注目する特徴が時として基本的なものであるのに、土着の人はそれが見慣れすぎたものであるだけにかえって意識しないということも起こる」（前掲に同じ）。つまり注意すべき点はあるものの、海外では相対化した観点が獲得しやすくなるのだと彼は主張している。

このような観点を、外国でだけでなく自国ですらできるようになれば、それは相対的視点を身に付けたことと同義である。デジャヴをさかさまにして作った棚橋弘季氏の造語「ヴュジャデ（いつも経験しているものに驚きを感じること）」（前掲書、九四頁）は、そのようなことを表現したものだろう。あるいは、「スーパーノーマル」という言葉を作ったデザイナーの深澤直人氏は、「人の記憶にあるのだが気付いていないもの――そこにデザインのヒントがある」と述べているが、これも同様の視点を表現したものだと考えられる。

お金と時間、手間がかかるものの、日本にいながら相対化の思考を身に付ける手段もある。外国人学生が多く在籍する大学院やMBAへの入学である。管見で最も良さそうなところとして、経営学者にしてデザイン思考の持ち主である楠木健氏も関わる、一橋大学大学院国際企業戦略研究科（ICS）のMBAプログラムがある。ここは少人数制で、二〇か国以上の国々から集まっている。「さまざまな異なる視点をもった人々としつこく対話を積み重ねることによって、自分のものの見方が相対化される。この相対化のプロセスなしには、自分のものの見方や構えが何なのか、自分でもよくわからない。

グローバルな文脈で相対化することによって、ビジネスに対する自分自身の視点の構えが初めて明確に意識される。さらには、さまざまな自分と異なるものの見方にさらされることによって、それまでの自分を乗り越える理解が切り拓かれる」（楠木健『経営センスの論理』新潮新書、二〇一三年、一三五―一三六頁）。

このように楠木氏が述べているのだから、きっと相対化の観点は大いに養われるのだろう。

2　構想力

構想力とは、発想力によって生まれたアイデアを、実際に具現化するための計画を作る力である。ここでは二つのスキルが必要だと思われる。一つは、ロジック（論理）自体を構築するスキルである。これは抽象化能力と置き換えても良い。もう一つは、実際に人を動かす際の方便を考えるスキルである。これはビジネス的な調整能力と置き換えても良い。

まずは後者、人を動かす際の方便を考えるスキルから考えてみたい。

人を動かす際の方便を考えるスキル

この項は、ビジネス経験のある人ならば釈迦に説法だろうから、そんな読者は鼻で笑いながら飛ばし読みしていただきたい。

素晴らしい夢のようなアイデアならば、誰もが共感し、その実現のために自ずと動き出してくれるはずだ。ところが、実際はそうはいかないのが現実である。面倒なことやお金がかかることならば、自分でなく他の誰かにやってもらいたいと考えるのが人の常だからである。あるいは夢のようなアイデアが実現すると、逆に困る人が出てくることすらあるかもしれない。

たとえ十分な説得力を持ち、関係者の夢を実現させるようなアイデアでも、それを実現させるためには、関係者を動かすための人間臭い方便が必要となるのである。

人を動かすにはどうすればいいか。アイデアに対して時間や手間やお金を投下する人間に対し、十分メリットになる理屈を提示できれば良い。メリットはお金だけではない。その人の出世につながったり、仕事が効率的になったり、抱えている問題が解決できたりなど、様々なことが考えられる。人々にはそれぞれの思惑がある。複数の関係者を動かすプロジェクトを実行させるためには、関係者それぞれの思いを知った上で、それらが踏まえられたものになるように、できる限り自分の構想を調整していかなければならない。

そのためには各人の思惑のほか、コスト計算、メリットの提示、甚だしくは嫉妬やねたみなど、様々なことに配慮する必要があるだろう。これらに精通するためには、ビジネス経験を積み重ねるのが手っ取り早い。机上の知識はまず役に立たない。

それからもうひとつ、人を動かすために大切なものがある。それは技術面の知識である。たとえば「地球の汚染から逃れるために火星で暮らす」というアイデアを考えた場合、技術的に見てそれが実現可能なのだろうか。専門家でなければ、そのような判断をするのは難しい。その分野に詳しい研究者や技術者に尋ねたり、文献をあさったりする必要がある。

ただし「技術的に実現可能性があるかどうか」は、アイデアを考えるにあたって過度に重視してはいけない。そこから考えると、「できるわけがない」と思って諦めがちになるからだ。すると、きわめて平凡なアイデアしか生まれなくなってしまう。

よくあるカリスマ創業者の話で、創業者が非常識なアイデアを考え、部下に実現するように指示すると、部下は「できるはずがない」と思うものの、なんとか作り上げてみたら、その商品が大ヒットしたというエピソードがよく出てくる。技術的な問題を先に考えないほうが、独創的なアイデアは思いつきやすいのである。日清のカップヌードルなどはその好例だろう。

技術的知識を獲得するためには、その方面に詳しい人に打診するのが一番手っ取り早い。その意味では、常に様々な分野の人との交流を維持することが望ましいだろう。

彼らにアイデアを伝えると、鼻で笑われる場合もある。しかし、そのときはチャンスだと考えるべきだ。彼らはそのアイデアを今まで考えたことがなかったか、あるいは深く考えてこなかった可能性があるからだ。もちろん、逆にあなたの知らない、実現をさえぎる巨大な壁があることが判明する場合だってあるだろう。その場合は、その壁を乗り越えるためにはどうすればいいのかを食い下がって聞き出すべきだ。そうすることで、その分野に対する知識が飛躍的に蓄積されるはずである。

まとめると、アイデアの構想はロジックだけでは不十分で、人をどう動かすかを常に考えなければならない。さらには、技術的な問題をある程度把握しておく必要もある。分かりやすいロジックの構築と、人を動かすための理屈、および技術的な問題を同時に考え、これらを行ったり来たりしながら作り上げていくことが肝要なのである。

困難や問題、縛りがあったほうが、実はアイデアは生まれやすい。独自性のあるアイデアはえてして、問題をどう解決するか悩んだ末に生まれたりするものだ。IDEOのティム・ブラウン氏の言葉を借りれば、「相反するさまざまな制約を喜んで（時に熱烈に）受け入れることこそ、デザイン思考の基本といえる」（『デザイン思考が世界を変える』、ティム・ブラウン、ハヤカワ新書、二八頁）。だから、なるべく多くの関係者、というより全ての関係者の気持ちを踏まえ、全ての人が結果的にハッピーになるような構想作りを心がけたいものである。

筆者は大したビジネス経験を持ち合わせていない。だからテレビ番組の「カンブリア宮殿」や「プロフェッショナル　仕事の流儀」、「未来世紀ジパング」などが大変参考になった。それらはビジネスの裏側や苦労話を、たとえ断片的であっても教えてくれる。これらを多数見ることで、（恥ずかしながら）かなりの勉強になった。

また、前職ではポンコツ社員なのにもかかわらず、企画開発室という部署で企画を提案する役割を担当しており、そこで徹底的にシボられたことも糧になっているように感じる。蛇足かもしれないが、筆者が前職で働いていた当時の、ある一日を書き出してみよう。

会社員時代の思い出

筆者は、企画書を書く必要に迫られていた。筆者の部署は企画開発部で、文字通り、企画を考え、開発し、売り出すところである。

しかし、どうしても「いいな、これ！」と思えるような企画書が作れない。「なんか他社のマネみたい」、「顧客が喜んでくれそうもない」、「ありきたり」……。

また、企画書の書き方も魅力に欠けている。説得力がない。

企画開発は、優れた人材がやるべきことである。しかし小さな会社だと、往々にして適材適所の配置ができない。だから、実力や才能がない人でも無理やり、できもしない仕事をやらされるのである。

頭のキレる他部署の同僚が、筆者の企画書を見て「そもそもロジカルシンキングができていないのだ」と言った。

ロジカルシンキングとは、問題の本質から出発し、数字等を使った明確な根拠（エビデンス）を積み上げ、結論を導くやり方である。筆者は「自分ではなんとなく論理的に考えているつもりなんだけどな」と思ったが、うなずくしかなかった。

畢竟、筆者はダメ社員なのである。ダメ社員は、常に自分の都合の悪いことを人のせいにしがちである。

だからこう思った。「論理的に考えた結果、クソつまらない結論が導き出されてしまったら？」

とはいえ、ロジカルシンキングを踏まえて考え直すことにした。すると、ふたつの納得できない点が出てきた。

第一に、企画を考えていて楽しくない。普通は、新しいことを考えるのは楽しいはずだろう。なぜこんなに苦痛なのか。

第二に、「問題の本質」を考えるとき、自社が究極的に求めるものは何なのかを知る必要性を感じた。しかし「わが社の究極のゴールは何なのか」が分からない。自社ウェブサイトには理念らしきものが書かれていたが、とうてい本気だとは思われなかった。社長や幹部におそるおそる尋ねると、「それはあなたが考えなさい」と言われた……。

頭の切れる同僚がフフフと笑ってから、「そんな建前はどうでもいい。目的は金儲けだ、売上アップだ」と言った。そうか。では会社の目的（ここでは企画の目的と言ってもいい）を、「金儲け」と設定しよう。確かに会社にとって金儲けは大事なことである。

そう考えて、もう一度企画作りに取り組んでみた。しかし、やはりうまく行かない。

そしてペンを放り出して心の中で叫んだ。「金儲けが理念では、なにもできない！」。

なぜか。当時の筆者は思った。

「どの会社でもない、わが社こそがこれをやらなければならない」というもの、つまり会社の理念というものが存在しなければ、企画を立てるとっかかりを見つけられない。どこの会社がやってもいいような企画しか思いつかない。そんな企画は、他社の模倣にしか見えないものとなる。

また、金儲けを理念にすると、ある企画が大きな壁にぶつかった場合、耐えて乗り越えようとする前に、もっと簡単に金儲けができそうな企画に心が移りがちになり、結局達成できなさそうな気がする。

こうして筆者は、上司や同僚からダメ出しされるたびに、「理念」というのが、企画を立てるために絶対に必要なものではないのかという、怒りにも似た思いが生まれるようになったのだった。

……以上が、会社で働いていたときの思い出である。当時は、企画を考える要領が分からなかったし、各関係者がどのような思惑で働いているのかを知ろうとも思わなかった。だから企画がうまく作れなかったのも当然だと思う。

しかし、デザイナーの思考を習得した今なら断言できる。タイムマシンがあったら、過去に戻って自分にこう言ってやりたい。かつての筆者が苦し紛れに思った通り、会社の目的（理念）がなければ、真の意味での良い企画は出てこないものである。それは、目的地のないレースをしても迷走するだけでゴールにたどりつけないのと同じくらい自明なことだ。

たとえ良い企画が作れたとしても、実行力がともなわず、企画は絵に描いた餅で終わってしまうだろう。というのは、企画を見た社員は「確かに面白いアイデアだが、我々が実現させるのは難しいだろう」、「金がかかるだろう」、「どうして我々がこれをやるの？　我々にはそのような人的・技術的資源がない。資源を持つ他社がやればいいだろう」と思うはずだからだ。

さらに、一社員であるあなたの個人的なひらめきなど、みんなは実現させたいと思わない。人のアイデアのために動くなんてしゃくだし、そもそも面倒くさいからだ。

せいぜい、「前年比一〇％の売上アップが見込めるとお前が言うなら、仕方がない、やってみっか（ただし失敗しても俺のせいじゃないよ。おまえの責任だからな）」といった、後ろ向きな回答が得られる程度に過ぎない。

論理的思考（ロジカルシンキング）は確かに大切である。特に問題の本質を特定することは極めて大事なことだろう。しかしそれだけではいいアイデアは出にくい。まず理念（夢・理想）があることが必要だ。そして、その実現のためにアイデアが考案されるべきだ。アイデアの源は、思い（夢、希望）にある。会社で企画発案をする人ならば、その会社の思い（理念、使命）を実現させるにはどうすればいいかをじっくり考えればよい。

理念に基づき、深く考えた後に作られたアイデアは、「一社員の個人的なひらめきだろう」の一言で却下されづらくなる。反論もしにくくなる。そして同意する人が現れ始める。こうして、実現へと動き出すことになる。

また、エビデンス（根拠）はアイデアを補強するために使うべきだ。実はエビデンスは、文脈次第でどのようにもなる。アイデアを補強できる数字があれば、それを使って企画の説得力を高めればいい。悪い数字しかなかったら、逆転の思考で「だからこそチャンス！」みたいな方便を使えばいい。つまりエビデンスは道具にすぎず、一番大事なのは理念に基づいたアイデアである。そしていいアイデアは、たいていエビデンスが味方に付いてくれるものである。

とはいえ、過去の筆者に対してこうも言いたい。

会社の社長や幹部の気持ちを、もっと考えたほうがいい。理念を尋ねる際も、直接的に聞いてはダメだ。「あなたの夢は何ですか」と聞かれて、すぐに答える人がいないように、単なる平社員に「この会社の理念は何ですか」と聞かれて素直に答えられる社長も少ないだろう。また、社長や幹部だけでなく、同僚や顧客にも、彼らの本当に望んでいるものがなにかを深く探ったほうがいい。その際は、直接聞くのではなく、表面的な話題から始めて、核心の話題に入り、そこから「なぜ」を三回繰り返すようにすべきだ。すると、彼らの思いが見えてくる。それらの声に耳を傾ければ、作るべき企画がだんだん見えてくるはずだ、と。

ロジック（論理）自体を構築するスキル

素晴らしいアイデアを持っていても、関係各位を説得できなければ、そのアイデアは実現できないことを説明してきた。そしてもう一つ、多くの関係者を説得するためには明快で分かりやすいロジックを構築することが欠かせない。

うまいロジックには、そこに「流れ」がある。つまり前章で述べたような「物語」がある。それを作ることが第一である。それを筆者はデザイナーに出会って知った。だが、デザイナーに会う以前にも物語作りの事前練習をしていたことに、後になって気付いた。それは「論文」である。

ロジック構築のスキルを高めるためには、論文を書く技術を復習するといいと思う。何を隠そう、筆者は修士論文を書いたことがある。ところが、恥ずかしながら論文とは何かをはっきりと理解したのは、つい最近。雲南省・昆明に来てからのことだった。

論文の書き方

今から一〇年以上前の大学院時代は、論文の書き方がよくわからず、やみくもに書いている状況だった。

ある日、恥を忍んで指導教官に尋ねた。

「あのう、論文って、いったいどう書けばいいんでしょうか？」

筆者の言葉に一瞬キョトンとなったが、その後指導教官は笑い出した。

「バカだな、お前。そんなこともわからないのか」。

筆者は、恥ずかしい質問だとは自覚しているのだが、本当によく分からないので必死だった。

「はい。いろいろ考えてはいるんですが、イマイチよくつかめません」。

すると指導教官は親指を胸に当てて言った。

「それはな、お前。心で書くんだよ、心で」。

それを聞いてキョトンとなった。

「心で書けば、読んでいる人間に通じるもんだ」。

今考えれば、かなりハイレベルの学生向けの回答だったことが分かる。

しかし当時の筆者は、抽象的なアドバイスを文字通り受け取り、とにかく精魂を込めて書き上げるしかなかった。そしてその論文をかかえて、小さな学会で発表することになった。

論文の査読者は、筆者の論文を見て冷淡に言った。

「あなたの文章はエッセイですね。論文ではありません」。

心を込めて描いたのに……、と涙目でその言葉を聞いた。

大きく肩を落としている筆者を見た査読者は、「確かに、エッセイとしては面白いですけど」と付け加えた。

それから時が経ち、筆者は雲南大学で日本語学科の学生に対し、卒業論文の指導をする立場になった。論文の書き方が分からない人間が論文の指導をするのもヒドい話だが、ともあれ、数多くの学生の論文を読んでいるうち、あることに気付いた。

彼らが提出してきた論文には、論文らしい文章と、論文らしくない文章に分けられることに気付いたのである。どうしてこれらの文章は論文らしく感じ、そして、どうして他の文章は論文らしく感じないのだろうか。両者を比較するうち、やっと論文とは何かが見えてきた。

論文らしい論文にあって、論文らしくない論文にないもの。

それこそが、かつて筆者が知りたかった「論文とは何か」の答えだった。

次の学期、卒業論文を執筆する学生のために、論文の書き方に関するレクチャーをした。冗漫だとは思うが、以下にそれを紹介しよう。

論文の基本構造

ここは雲南大学の教室。目の前には、三〇名の日本語科三年生が座っている。常識的にいって、卒業論文は四年生のときに書くものである。それは雲南大学でも同じだ。ただしこの大学では、三年生の時にその練習として「学年論文」を執筆しなければならないシステムになっている。しかも日本語でだ。母国語ですら書いたこともない論文を、外国語で書かなくてはならないのだから、彼らにとってかなりハードルの高い課題だ。

ところで、日本でもそうだが、外国語学部には女性が多い。この日本語科も同様で、三〇名中二五名が女学生である。素直な学生が多く、くだらない冗談にも反応よく笑ってくれる。

筆者は論文を書くのが初めての学生たちに対し、分かりやすく論文の書き方を説明しなければならない。ここである程度のレベルになってくれれば、来年の卒業論文での指導がぐっと楽チンになるはずだ。

＊小論文の書き方――

筆者：今日は、小論文の書き方について話をしましょう。君たちはもうすぐ、学年論文を書かないといけないからね。

学生：（溜息）

筆者：論文とエッセイの違いは分かりますか？

学生：論文は、テーマと結論がある。エッセイは自由に書いていい。

筆者：さすがですね！　確かにそれも大事だと思う。実は私は、最近まで論文とエッセイの区別がつかなかったよ。だけど、昨年たくさんの論文を読んでやっと分かった。そこには論文らしい論文と論文らしくない論文があって、何が違うんだろうと比較していて、やっと気が付きました。両者を分けるもの。それは何だと思いますか？　言い方を換えると、論文で最も重要なものはなんですか？

学生：タイトル！

筆者：なるほどね。でもタイトルがなくても中身が良ければ、私はこの論文を評価するよ。

学生：氏名？

筆者：氏名か（苦笑）。それも確かに重要だけど、中身が良ければ私はやっぱり作者を探すだろうな。

学生：じゃあなんですか？

筆者：「?-」（クエスチョン）です。

学生：「?」ですか……。

著者：Why?（どうして）とかHow?（どうすれば）があるということ。君たちの先輩が書いた論文で、論文らしい論文には必ず「?」があったんだよ。逆に、それがない論文は、エッセイみたいだった。あるいはレポートとか報告書みたいだった。

学生：ふーん。

筆者：クエスチョンがあり、そしてクエスチョンに対する自分の回答がある。さらに、その理由が記されている。まとめると以下のようになります。

論文の基本構造

- 「?」が生まれた理由（背景）
- 「?」の内容（問題提起）
- 自分の考え（仮説）
  - 「?」の回答を考える
- そう考える理由（根拠）
  - 三つぐらい
- 反対意見（反論）への回答も用意する
- やはり自分の考えは正しい（結論）

学生：（メモする）

筆者：たとえばね。クラスのマドンナである周さんが、ダメ男として有名な王君と付き合っているという噂がある（背景）。本当に二人は付き合っているのだろうか（問題提起）。私は、二人は付き合っていないと思う（仮説）。なぜなら、王君はカッコ悪いし（根拠1）、頭も悪いし（根拠2）、お金もない（根拠3）からである。確かに、王さんは性格がいいという意見もある（反論）。しかし周さんはお金がすべてだと常日頃言っているから（反論への回答）、やっぱり二人は付き合っていないと思う（結論）。

学生：なんとなくわかりました。だけど、男女が付き合っているかどうかを論文にしていいの？

筆者：たぶんよくないだろうね。論文にはほかにも必要なものがある。それについては後で説明します。今は、この基本構造についてもう少し説明しますね。

学生：はい。

筆者：論文の基本構造をもう少し詳しく以下に示します。

筆者：例題を出そう。まずは「問題提起」、つまりクエスチョンの例を以下に示します。

> 問題提起の例
>
> ①昆明の不動産価格は今後上昇するか？
>
> ・冒頭：最近、昆明の不動産価格が上がり続けている。今後も上がるかどうかは議論が分かれている。

②中国の新卒の就職率は今後上昇するか？
・冒頭：最近、中国の新卒の就職率は下がり続けている。今後も下がるかどうかは議論が分かれている。
③中国のサッカーのレベルは今後上昇するか？
④中国の不動産は今後も上昇するか？
⑤晩婚化は今後進むか？

筆者：例に挙げた五つの問題提起のうち、最初の例を詳しく説明します。みなさんは、昆明の不動産価格は今後上昇すると思いますか？　それとも下落すると思いますか？
学生：上昇する……。
筆者：じゃあ、上昇すると思う人は手を挙げてください。
学生：（八割方が手を挙げる）
筆者：下落すると思う人は？
学生：（手を挙げる人がちらほら）
筆者：なるほど。分かりました。では、「自分の考え」を「昆明の不動産価格は今後上昇する」としましょう。
学生：はい。
筆者：じゃあ、上昇する根拠をたくさん挙げてください。何でもいいから、誰か答えてください。

学生：中国では、結婚する前に必ず家を買うという習慣があります。だから不動産を買いたい人が常にいます。

筆者：そうか。買いたい人が多ければ、不動産価格も高くなりやすいですね。他には？

学生：不動産価格が上昇を続けるのは、中国全体の現象です。だから昆明も例外ではないと思います。

筆者：なるほど。他には？（学生の意見を箇条書きしていく）

筆者：不動産が上昇する理由がたくさん出ました。テクニックとして、次にこれを分類し、一般化します。たとえばこんな感じ。

上昇する根拠（理由）を分類する

マクロ要因

- 経済発展と共に所得も上がり、物価も上昇する傾向がある。当然不動産も上昇する
- 不動産価格の高騰は全国的な趨勢である
- 建築ラッシュによる建築材料価格の高騰が、不動産価格の高騰につながる
- 中国の人口は増え続けている。その多くの人が自分の住まいを買いたがっている
- 不動産市場は市場経済に欠かせない部分であるため、たとえ下がるような状況になっても政府が下げないように調整する

地域的要因

●昆明は有名な観光地であるため、多くの金持ちが昆明の物件を買いたがっている

●昆明は雲南省一の大都会であり、昆明の多くの新卒が昆明での就職を希望している。したがって不動産の需要は今後も増え続ける

●昆明の土地にも限りがあり、建築できるスペースが減少し続けている

●昆明の不動産価格の上昇の速度は、昆明の人口増加速度より遅い

●昆明は住み心地がよく、これからも需要は増え続ける

●昆明は他地域と比較しても将来性が高く、多くの面で有望市場である。経済発展すれば不動産価格も上がる

心理的要因

●不動産業者が煽って価格を吊り上げ続け、消費者もそれに流される傾向がある

●「自分の住宅を持てなければ生活をしていることにならない」という中国人の意識がある（若者が結婚するときは必ずマンションを買う習慣がある）

●金融危機をチャンスとして不動産に投資する人が多い

●世界経済が不安定になり、通貨価値が安定しなくなればなおさら不動産を資産として見なす傾向がある。だからみな不動産を買う。不動産を持つと安心できる

筆者：分類する際は、なんとなく似たような意見に分け、その後で、それらをまとめる言葉（一般化できる言葉）を付けます。たとえば以下のような言葉を使って分けるといいでしょう。

●マクロ要因、ミクロ要因（地域要因）
●社会的要因、心理的要因
●ヒト、モノ、カネ、情報
●地理的要因、政治的要因

……などですが、思い切って○○タイプ、××タイプなど自分で創作してもいいと思います。次に、説得力を高めるために、反対意見も考えましょう。「昆明の不動産価格は今後下落する」と思った人、どうしてそう思いましたか？

学生：すでに十分な住宅が作られていると思います。これ以上作ると供給過剰になります。

筆者：そうか。他には？

学生：政府の政策で、不動産価格が上がらないようにしています。

筆者：なるほど。他の意見は？

学生：新卒の就職率が下がり続けています。結果として未婚者の収入が減少するため、高い不動産を買うのがますます難しくなっています。すると、不動産価格も下がっていくと思います。

筆者：ＯＫ。論文に書くべき要素が出てきました。以下の通りです。

論文の構築法
●自分の考えを決める
●→不動産価格は上昇する
●「上昇する」根拠をたくさん考える。
●さらに分類する
●「下落する」根拠とその反論
●自分と異なる意見を述べる
●その反論
●例えば、心理要因を述べる
●結論：自分の考えを再び述べる

筆者：あとは、これらを文章にまとめてみましょう。誰か黒板に書いてください。まず背景と問題提起から。

学生：（黒板に書く）「最近、昆明の不動産価格が上がり続けている。今後も上昇するかどうかは議論が分かれている。」

筆者：ＯＫ。次は自分の考えです。根拠も合わせて書いてください。

学生：（黒板に書く）

「私は、今後も昆明の不動産価格が上昇すると思う。何故なら第一に、経済発展と共に所得も上がり、物価も上昇する傾向がある。当然不動産も上昇するだろう。そして不動産価格の高騰は全国的な趨勢であるからである。
第二に、建築ラッシュによる建築材料価格の高騰が、不動産価格の高騰につながっているからである。
第三に、昆明は雲南省一の大都会であり、昆明の多くの新卒が昆明での就職を希望している。したがって不動産の需要は今後も増え続けると考えられるからである。」

筆者：次に反論への回答です。例えば「心理要因」を述べることで反論への回答をするといい。

学生：（黒板に書く）「確かに、すでに十分な住宅が供給されていることに加え、政府が不動産価格を抑制する政策を採ることから、今後不動産価格が下落すると考える人もいる。しかし、『自分の住宅を持てなければ生活をしていることにならない』という中国人の不動産に対する愛着意識が強くあることから、今後も不動産に対する需要が急に減少することは考えにくい。」

筆者：ＯＫですね。最後に結論です。これは簡単だね。

学生：（黒板に書く）「だから私は、今後も昆明の不動産価格が上昇すると思う。」

筆者：はい。これで小論文の出来上がりです。文章をもっと長くしたい場合は、すでに考えた「不動産価格が上がる理由」を、分類して羅列するだけでいいのです。簡単でしょう？

学生：まあ、そうですね。

筆者：ここに挙げた問題提起の例は、「YES」か「NO」で答えることのできる単純なクエスチョンばかりです。これらはあくまで「小論文の基本構造」としての例であって、学年論文はもう少し複雑なクエスチョンになるでしょう。それに、君たちが書く学年論文にはいくつかの条件があるんです。

学生：（溜息）

筆者：君たちに課せられた条件は三つ。一つは、「日本語で書く」ということ。

学生：それは知っています（笑い）。

筆者：そうか。二つ目は、「日本と関係する内容を書く」ということ。日本語学科の学生の宿命と考えてください。

学生：まあ、それはそうですね。

筆者：三つ目は、「先行研究を前提に書く」ということ。これは学術論文では必須なことです。学年論文や卒業論文では、学術論文ほど厳密に先行研究を前提にする必要はないと個人的には考えますが、その姿勢はなるべく持っていてほしいと思います。
ちなみに、先行研究を前提に書く際の具体的な作業は、多くの場合、

1. テーマに関する先行研究を整理する
2. そのうち、自分のテーマに最も近い研究をピックアップする

3. ピックアップした研究から、評価できる点と、不足点・問題点を見つける
4. 不足点・問題点を補う方法、または解決する方法を考える
5. 以上を文章にまとめる

という流れになります。

＊先行研究なしで論文を書くには――

学生：先行研究はどうやって探せばいいんですか？

筆者：そうですね。実はそれが大きな問題点になります。ここは雲南省の昆明。先行研究を探すのはとても難しい。

学生：（溜息）

筆者：だから、解決策を二つ考えました。

学生：（？・）

筆者：一つは、「先行研究が読めるものにテーマをしぼる」です。図書館に行ったり、ネットで検索したりして、先行研究が豊富にある分野を見つけ、それをテーマとして選ぶということ。この場合、自分の興味は優先されません。

学生：図書館に行きましたが、日本に関する書籍は大して多くありません。

筆者：そうか。じゃあ、もう一つの策はどうでしょうか。それは「自分が先行者になる」です。

学生：（失笑）

筆者：笑われると思って、先行者になるための方法を五つ考えました。一つ目は、「天才的な発想」。天才なら常に新しいものを生み出せるよね。

学生：（苦笑）天才じゃないからムリです。

筆者：そうか。じゃあ二つ目。「狭い分野で論じる」です。たとえば「日本文学」を論じる場合、先行者は何百万人もいるでしょう。でも「日本戦後文学」だったら数十万人に減るはずです。さらに「村上春樹」だったら数万人。「ノルウェーの森」だけに絞れば、数千人ぐらいに減るんじゃないかな。さらに「ノルウェーの森」のなかの一ページのみだったら、たぶん君ひとりです。つまり先行者になれる。どんな内容の論文になるのかは知らないけど。

学生：そんな論文、ちょっと書けなさそう。

筆者：三つ目は、「中国／故郷と結びつける」です。たとえば「村上春樹と中国」だったら、かなり先行者が少なくなります。それでも一万人はいるでしょう。でも「村上春樹と昆明」だったら、たぶん君ひとりだ。君が先行者です。どんな内容の論文になるのかは知らないけど。

学生：それもちょっと……。

筆者：じゃあ四つ目。「他分野と結びつける」です。たとえば「会計学から見る『ノルウェーの森』」なんてね。そんな論文、見たことないでしょう？　そうです。あなたが先行者です。どんな内容の論文になるのかは知らないけど。

学生：うーん。

筆者：じゃあ、五つ目はどうですか。「最近のものを論じる」。新聞を開いて、面白そうな記事があったら、それと日本を結びつけて論じます。たとえば、最近中国では、スクールバスの死亡事故が多発していますね。どうしてそんなことが起きるのか。日本の状況はどうなっているのか。そんなことを研究している人は、まだいないはず。だからあなたが先行者です。

学生：それなら、ちょっとできそう。

筆者：たとえが悪かっただけで、他の方法も使えるはずですよ。あとでよく考えてみて。

学生：はーい。

筆者：とはいえ「何をテーマにするべきか」は、論文を書くときに誰もが頭を悩ませるものです。

学生：確かに！

筆者：論文で一番大切なのはクエスチョン。その次に大事なものはテーマです。今度は、テーマの見つけ方について考えてみましょう。

学生：それはうれしいです。

筆者：テーマの見つけ方として二つの方法を紹介します。一つ目は、「小さな問題から考える」。二つ目は、「大きな問題から考える」です。

学生：小さな問題と大きな問題……。

＊小さな問題から考える――

筆者：テーマを見つけるのは確かに難しいことです。ありがちなテーマの見つけ方は、「夏目漱石が好きだから夏目漱石の『こころ』をテーマに論文を書こう」といった、好きなものから見つける方法です。しかし、クエスチョンがあることが前提だと考えれば、「好きなもの」からでは、実は探しにくい。「どうして」とか「どうしたら」を出発点に考えてみてください。日本に関して、「どうして」とか「どうしたら」などはありますか？

学生：別に……。

筆者：（落胆）じゃあ、こうしたらどうだろう。（黒板に書く）

> 問題1：日本に関して不思議だ（変だ）と思うことを三つ考えてください。
> 例：変態が多い
> 問題2：日本と比較して、中国のダメなところを三つ考えてください。
> 例：サッカーが弱い

筆者：この二つの問題について、三つずつ考えてみてください。問題1についてはどう？

学生：うーん。ＡＶ産業が盛ん！（笑い）

筆者：なるほど！　確かにね。他には？

学生：いじめが多い。自殺が多い。結婚しない人が多い。跪いて接客する……。

筆者：いろいろ出てきたね～。じゃあ問題2はどうですか？

学生：サービス業が弱い。交通事情が悪い。古い文化が流出する。インターネットが使いにくい……。

筆者：じゃあ、まずは問題1（日本に関して不思議だと思うこと）について考えてみましょう。日本に関して不思議だと思ったことを考えたたら、次に考えるべきことは、「1．どうして？」（理由・原因）と、「2．じゃあ、中国はどうしてそうじゃないのか？」（比較）です。AV産業だったら、「どうして日本ではAV産業が多いのか」（理由・原因）、「どうしてAV産業は中国では多くないのか」（比較）ということですね。

学生：（考えをノートに書く）

筆者：続いて問題2（日本と比較して、中国のダメなところ）について、「1．どうして？」（理由・原因）と「2．じゃあ、どうすべきか」（提言）を考えてください。日本より中国のサッカーが弱い場合、「ではどうして弱いのか？」（理由・原因）と「強くなるにはどうしたらいいのか？」（提言）ということです。

学生：（考えをノートに書いてみる）

筆者：AV産業について考えた人はいる？

学生：はい。

筆者：じゃあ、理由・原因を教えてください。

学生：結婚しない人が多いから。

筆者：これはAVを消費する人を言っているのかな？

学生：そうです。

筆者：他には？

学生：日本はストレスが多いから。

筆者：……ＡＶを見てリラックスするというわけか（笑い）。消費する側でなく、作る側から考えるとどうですか？

学生：日本はＡＶに出演したい女性が多いですね。

筆者：それはどうして？

学生：うーん。

筆者：中国と比較するとどうですか？

学生：日本はやはり開放的ですから。中国は伝統的に見ても性に関して保守的です。

筆者：じゃあ、日本は中国より開放的だとして、日本ではなぜＡＶに出演したいと思う女性が出てくるんでしょうか。

学生：お金？

筆者：意外に出演料は安いらしいですよ。

学生：有名になりたい？

筆者：確かに、ＡＶ出演が有名になるきっかけになったタレントもいますね。でもそれだけかな……。じゃあ逆に、中国ではどうしてＡＶに出演したいと思う女性が少ないの？　君たちの中で、ＡＶ出演に興味のある人はいますか？

学生：えー！　あり得ません。

筆者：それはどうしてですか？
学生：政府がＡＶ製作を禁止しています。
筆者：他には？
学生：結婚できなくなります。
筆者：どうして？
学生：やっぱり道徳と関係があると思います。
筆者：道徳？　具体的にどんな感じ？
学生：「女は、はやり一人の男だけに」という道徳ですね。伝統的観念として、やっぱりそんな考え方が強くあります。
筆者：なるほどね。ＡＶ産業について考えると、意外に深い話になりますね。立派な論文になりそうです。
学生：確かに。
筆者：ところで、論文で一番大切なのはクエスチョン。その次に大事なものはテーマだと言いました。三番目に大切なものがあります。それは「意義」です。
学生：意義か。
筆者：そう。実は問題１だと「日本文化の特徴を明らかにする」という意義が生まれます。今のＡＶの話でも「日本文化の特徴を明らかにする」意義があるというわけです。中国と比較しているから、同時に中国文化の特徴を明らかにできるかもしれませんね。

学生：なるほど！

筆者：また問題2だと、「中国行政に対する提言」という意義が生まれます。たとえば、中国のサッカーがなぜ弱いのかを例に挙げると、中国サッカーの弱点を指摘すると共に、日本のやり方を参考にしながら強くなる方法を提案するわけです。たとえば中国サッカー協会に対してね。とても意義があるものでしょう？

学生：なるほど！

筆者：それから、理由や原因を考える際のポイントとして「Why × 3」を心がけること。当然と思うことですら、「なぜ？」と自分に問いかけることです。「なぜ」を三回繰り返すと、深いレベルの論文が書けるようになると思います。

学生：分かりました。

筆者：テーマの見つけ方のうち、「小さな問題から考える」を見てきました。二つ目は、「大きな問題から考える」です。

＊大きな問題から考える——

筆者：大問題を考えてください。中国の大問題はなんですか？　世界の大問題は？　アジアの大問題は？　日本の大問題は？　雲南の大問題は？

学生：うーんと。

筆者：まず中国の大問題を考えてみて。

学生：環境問題、食品の安全問題、新卒の就職問題、賄賂、貧富の差、戦争、人口問題……。

筆者：じゃあ、アジアの大問題は？

学生：医療問題、人口問題、環境問題、資源問題、教育機会、紛争……。

筆者：いいね。日本の大問題はどうでしょうか。

学生：自殺、経済の停滞、中日関係、ストーカー、いじめ、高齢化、地震……。

筆者：雲南の大問題は？

学生：環境問題、麻薬、教育機会、交通、地震、干ばつ、貧困……。

筆者：いいですね。これらから、自分の興味のあるものを選び、それをテーマにするといいでしょう。ただし、君たちの場合、必ず日本と関連する内容にしないといけません。その際は、「この問題に対し、日本ではどう対処しているのか（対処したのか）」を内容に付け加えればOKなんですけどね。

学生：なるほど。

筆者：大問題からテーマを考えるときのポイントは、なるべくテーマを絞り込むということです。大きなテーマだとほら、先行者が増えちゃうからね。先行者が多いと、先行研究をたくさん読まなければならなくなります。

学生：ああ、そうですね。

筆者：テーマの絞り込みには、やはり「Why×3」を使うといいでしょう。中国、アジア、雲南のそれぞれで大問題に挙げられた「環境問題」を例にとりましょう。「環境問題」って具体的に何ですか？

学生：水不足とか水質汚染問題。ゴミ処理問題、砂漠化、空気汚染、騒音……。

筆者：いろいろ出たね。ここでテーマを絞り込みましょう。たとえば水に関する問題を選びます。

学生：はい。

筆者：水不足とか水質汚染が生じると、何が問題なの？

学生：農業が発展できません。人々の飲み水に困ります。

筆者：分かりました。じゃあ、なんでこの問題が生じたの？

学生：うーん、人口が増えた。それから温暖化も関係していると思う。

筆者：他には？

学生：人々の節約の意識が薄い。経済が発展したから。工場排水が未処理のまま。工場や住宅を増やしたために森が少なくなった……。

筆者：いろいろ出てきたね。ここでさらにテーマを絞るといいでしょう。何でもいいけど、たとえば「工場排水が未処理のまま」にテーマを絞ります。なんで工場排水が未処理のままなんですか？

学生：法律の盲点を突きやすい。処理するのにお金がかかる……。

筆者：他には？

学生：技術が足りない。環境保護意識が薄い。管理機関（行政）の監視の不徹底……。

筆者：なるほど。そうなると、処理の技術を高めたり、人々環境保護意識を高めたり、低コストの処理方法を考案したり、行政による監理を徹底させれば、問題の解決に近づくということになります。

学生：まあそうですね。

筆者：じゃあ、日本ではどうなっているのでしょうか。日本ですでに解決した問題があれば、それを中国でも適応させればいいですね。そのような論文を書けば、「中国行政に対する提言」という意義を持った論文が書けるわけです。

学生：なるほど。

筆者：「小さな問題から考える」と「大きな問題から考える」という方法を使って、自分のテーマをぜひ見つけてくださいね。

論文指導をして分かったこと

以上を別の言葉でまとめると、論文とは、自分の考えをなるべく多くの人に納得、首肯してもらうための文章である。自分の考えとは「クエスチョン」と「自分の答え」から成る。そして多くの人に分かってもらうためには、「論理的」でなければならない。論理的とは、他人が十分に納得できる理由を示すということである。

論文のスキルは、デザインを考える際や、企画を策定するときにも役に立つ。新しい提案をする際は、目の前の問題はひとまず置いておき、小さな問題（素朴な疑問）や、大きな問題（社会的に解決が求められている問題）から出発すると、後で深みのある提案になっていくことが多い。いい提案は、すぐにはその深さが気付かれない。何年か経ってクライアントが「ひょっとして、ここまで考えた提案だったんですか？」と驚かれるような提案が深い提案である。そのとき、あなたはニヤリとして頷けば良い。

もう一つ、筆者が論文指導をしてみて分かったことに、人に分かりやすく説明しようとすると、逆に自分自身の考えが明確になっていくということがある。

なぜ、分かりやすく説明しようと思うのか。筆者の場合、「論文を理解できなかった」という自分の過去があったからである。もし自分が大学生のときに上記の説明を受けていたら論文を書くのがそれほど苦じゃなかったはずだ。筆者の学生には、筆者のような思いをさせたくなかった。「当時の自分だったら、どう説明すれば理解してもらえるだろうか」を想像しながら、学生に説明していった。

さらに、日本的な習慣や思考に馴染んでいない中国人学生に対して説明するには、シンプルに説明する必要性があった。日本人にとって自明に思えることは、他国の人にとっては必ずしも自明でなない。一番基本的なこと、つまり「痛い、苦しい、楽しい、気持ちいい、ハッピー、アンハッピー」といった、人間が普遍的に持っていそうな感覚から出発し、そこから話を一歩一歩進める努力をした。そうすると、大きくずれることがない。そして自然とシンプルな説明になっていく。さらには、言いたいことが明確になってくるのだ。

ただし、シンプルな語りには罠がある。大雑把にくることで、微妙で繊細なニュアンスが抜け落ちる可能性がある。というより、必然的に抜け落ちるはずだ。

しかし、それでいいのだ。微妙なニュアンスでしか表現できないものは、所詮本質ではない。細かいところは、「あの先生、アホだな。こんな重要なことを説明していないよ」と思いながら、学生が自分で見つけていけばいいのだ。筆者がやりたかったのは、大枠を作ることであり、深く考えるための土台を作ることである。

論文の書き方すら分からなかったポンコツ教師。その授業を受けなくてはならない日本語学科の学生。だからこそ、なるべく「お得」な授業を提供したい。そう思うと、分かりやすい説明をしたいという意欲も高まっていった。

そんな授業を繰り返すうちに、筆者の表現力は以前より格段に進歩した。そして、表現力を高めるための最も大切なものは「サービス精神」なのではないかと思うようになった。

3 表現力

良いアイデア、説得力のある構想ができても、うまく説明できなければ意味がない。うまく説明する力、つまり表現力を高めるのに最も必要なものは何か。それは「サービス精神」だと思う。

筆者が出会った三人のデザイナーは、誰もがプレゼン上手だ。クライアントにさえ「先生」と呼ばれる実力者ばかりなのに、笑顔を絶やさず、平易な表現でクライアントに自分の提案を説明していく。筆者がデザインに関する質問をしても（それが素人くさい質問であっても）、嫌がることなく、むしろ「待ってました」と言わんばかりに、とても分かりやすく、楽しそうに説明してくれる。

その後、何人かのデザイナーに会ったが、優れたデザイナーは人当りが良い。そして言葉の表現力が優れている。考えてみれば当り前の話だ。デザイナーという職業はクライアントありきである。優れたデザインを提案するには、クライアントとの親密なコミュニケーションが欠かせない。そうなると、営業マン的な要素も必要だし、プレゼン力も高くなくてはならない。でも彼らは営業マンというよりも、パフォーマーみたいだ。人をワクワクさせるような話ができるのである。

大学の授業ですでに「表現力」について考えていた筆者は、デザイナーたちの話やプレゼンに触れてみて、改めて「表現力を高めるポイントはやはりサービス精神だ」と思うようになった。

プレゼンでサービス精神を発揮させるには、様々な方向性が考えられる。話し手の態度、資料の美しさ、資料の明快さなどだ。

資料で使うパワーポイントの一ページに文字がたくさんあったらうんざりしてしまうだろうとか、文字ばかりだったら飽きるだろうからここで動画を入れてみようとか、動画をいちいちその場で探すよりクリック一つで動画に変えたほうが見ている人は気持ちいいだろうといった工夫は、まさにサービス精神の表れだ。

うつむいて資料を読み続けるような発表よりも、檀上の真ん中に立って、冗談を交えながら身振り手振りで話したほうがいい。これも、「話を聞いている人をどう楽しませるか」というサービス精神の表れと見るべきだ。

資料も、美しいものや整理されたもの、分かりやすいものだったら、やはり説得力がぐっと高まる。

しかしこれらはあくまでもサービス精神の結果である。決して「相手をうまく説得させるため」とか「自分をよく見せるため」と思わないほうがいい。そのように考えると、緊張してしまって逆にうまくプレゼンできないのではないだろうか。聞き手も、話し手のエゴが鼻に付くはずだ。

とはいえ、以上のような理念的な話以外にも、表現力アップのための小手先のテクニックがある。雲南大学の授業や筆者が働く昆明のデザイン会社で、実際に資料を作っていて気付いたテクニックをいくつか挙げておこう。参考になるかどうか分からないが、以下のようなものである。

A．分類――「小論文の作り方」で説明した通り、様々な事象をいくつかにざっくり分ける手法である。「カテゴリ分け」という言い方もできる。これを使うことによって話を整理させる効果がある。

たとえばホテルは世界中に無数にあるが、それをざっくり分けると、高級ホテル、中級ホテル、エコノミーホテルとなる。また、リゾートホテル、シティホテル、ビジネスホテルといった分け方もできる。最初の例は、基本的にホテル料金で分けている。後者は、基本的に用途で分けている。他にも、考え方によって様々なホテルの分類ができるかもしれない。たとえば若者向け、アダルト向け、シニア向けなどだ。ポイントは、既存の分け方だけでなく、その時の課題に応じて自分なりの分け方を常に模索することである。すると、今までにない発想が生まれるかもしれない。

B．分解――ある概念をいくつかの小概念に分ける手法である。イメージをデザインする際によく使うテクニックだ。

たとえば、あるＩＴ企業のオフィスをデザインしてくれと依頼されたと仮定しよう。クライアントからは、「ＩＴ」というイメージを全面に出すようにと言われている。そこであなたは「ＩＴ」のイメージを分解してみることにする。もちろん、イメージの分解は恣意的にやって良い。なぜなら、イメージというものは人によってそれぞれ微妙に異なるからだ。絶対的なものが存在しない以上、自分の感覚でとにかく分解してみることが肝要である。

筆者が適当に「ＩＴ」を分解するならば、「科学技術」、それから「イノベーション」、「効率」などと分ける。

次に、さらに「科学技術」を分解してみよう。オフィスデザインだから、造形に関するイメージを自分勝手に考える。筆者だったら、「直線」、「連続」、「光線」などと分解する。「イノベーション」なら、「自然物＋人工物」、「曲線＋人工物」などと分解する。「効率」なら、「直線」、「ガラス」に分解してみる。

上記した分解に大きな根拠は必要ないが、説得力は必要である。そのためには、それらしいイメージをネットで検索して貼り付けるといい。イメージを見てピンと来てもらえればＯＫだ。もしふさわしいイメージがなければ、違う分解を考えたほうがいい。論理に訴えるより感情に訴える手法である。

もうひとつ例を挙げよう。以前、先進的なホテルの客室をデザインして欲しいと依頼されたことがある。その際、「先進的な客室」を三つに分解した。その一は、機能性。使いやすい椅子や机、整理されたプラグ配置などだ。その二は、直観的な先端性。いかにもハイテクなスイッチ機能や自動開閉式カーテンなど、パッと見で先進的な感じがするものを設置することだ。その三は、新しいライフスタイルへの対応。スマートフォンの充電器兼スピーカーをベッドわきに置くなど。この三つをまとめて提案すると、クライアントはとりあえず納得してくれた。

C．比喩――ある事象を例えで理解してもらう手法である。概念（コンセプト）を感覚的にイメージしてもらうために使うことが多い。

例を挙げると、筆者はかつて、在籍する昆明のデザイン会社に対し、「日本の狭小住宅のアイデアを中国の顧客に紹介しよう」と提案したことがある。中国は土地が広いこともあり、中国人の空間に対する感覚は日本人の一・五倍ぐらいある。中間層以上の家では部屋が広いことはもちろん、ソファもベッドも日本より一回り大きい。貧乏人を相手にしたくないと考えている昆明のデザイン会社にとって、狭小住宅をウリにしようという提案は気の進まないものだった。

そこで筆者は、パワーポイント資料の最初にダイムラーの小型自動車「ＳＭＡＲＴ」と中国国産ブランドの軽自動車「ＱＱ」の画像を並べた。ＳＭＡＲＴは、小さいながら安っぽい感じがしない。一方のＱＱは、いかにも安っぽい。ＳＭＡＲＴの場合、「狭くても機能的」ということが、新しいライフスタイルの提案になっているのだ。共感すれば、大金持ちだって買うだろう。「私が提案する狭小住宅は、ＳＭＡＲＴのほうである」。そう伝えることで、狭小住宅の提案の意義を感覚的に理解してもらった。

D．比較――ある事象に対し、それを際立たせるために別のものと比較することである。筆者の場合、現状の問題点を際立たせたい場合によく用いている。

例を挙げると、筆者の在籍する昆明のデザイン会社から、社員のマナーを国際的なレベルに引き上げるための指導を頼まれたことがある。そのときの講演に使ったパワーポイントでは、まず日本や韓国のサラリーマンの画像を見せ、次に前日に撮影した社員の写真を見せた。日本や韓国のサラリーマンはラフな着こなしにも関わらず、気品を感じる。一方、昆明の社員の着こなしは、たとえスーツを着ていても気品を感じさせないのが一目瞭然である。

また、日本のデザイン会社を代表して佐藤可士和氏のオフィスの映像を見せた。無駄なものが何一つなく、椅子が整然と並んでいる。一方、昆明のデザイン会社の写真は、机の上に食べカスの汚れやちらかった書類があったり、椅子が転がるように放置されたりしている。

パワーポイントに映されたこれら対比画像を見た社員たちは、グーの音も出なかった。そして、翌日から社員の服装やオフィス空間がすっかり改善された。

E. 出題――クエスチョンを出すことで聞き手の興味を惹きつけると共に、理解の手助けをする手法である。提案の導入部分に使ったり、理解されにくいところで使ったりすると効果的である。

事例で説明すると、在籍する昆明のデザイン会社は、「国際標準」をテコに成長したいと考えていた。そして「国際標準のサービスとはそもそも何ぞや」ということを幹部に説明してほしいと会長から依頼された。そのとき筆者は、「国際企業が売っているのは、モノではなく、体験である。彼らは顧客に感動の体験を売ることを目指している」と訴え、それこそが国際標準のサービスだと定義した。

ピンと来ない幹部たちに、ひとつの出題をした。まず画像を幹部たちに見せた。

「これはマクドナルドとカルフールで置かれているビニールの傘袋です。ロゴが付いているからすぐにわかりますね。以前の傘袋は長かったのですが、最近は短くなっていますね。なぜか。ほとんどの中国人が折り畳み傘を使っているから、それに対応したんでしょう。」

さらに画像を見せた。マクドナルド店内に置かれていた傘袋は、短い傘袋と長い傘袋があるだけでなく、手作業で入れ口と閉じ口をジャバラのように短くしてある。

「さらにマクドナルドでは、傘を入れやすい工夫をしています。また、長い傘用の袋も置いています。さすが国際企業ですね。」

「ではここで質問です。わが社で、傘を入れるビニール袋を作ることになりました。顧客に『この会社はなんか国際的だな！』と思わせるには、どんなものを作ればいいでしょうか？」

すると幹部たちはジッと考え始めた。誰かに当てると、「うーん、やっぱりロゴをつけて、短い袋にします」と答えた。

筆者は「じゃあヒントです」と言って、パワーポイントのページを進めた。

> ヒント１：マクドナルドは、一五元とか二〇元のものを売っています。一方、我々は一〇万元とか一〇〇万元のものを売っています。
>
> ヒント２：そもそも、なぜマクドナルドやカルフールは雨の日にビニール袋を置いているのでしょうか？

誰かが言った。「ああ。ビニール袋じゃなくて、傘立てを使うべきです」。

キョトンとする他の幹部。なぜそう思うのかを筆者は尋ねた。

「これらの店には、たくさんの人が来店するのです。みんなが濡れた傘を持って店内を歩いたら、床がびしょびしょになって危険です。怪我でもされたら、店の責任になりかねません。つまりビニール傘は客のためというより、店のために必要なんです。そして、なぜたくさんの人が来店するのかというと、商品の値段が安いからです。」

「じゃあ、わが社はどうですか?」と筆者。

「お客さんが多いわけじゃないんだから、傘立てで十分というわけです。マクドナルドで傘立てを使ったら、大きな傘立てが必要になるし、多くのお客さんの傘を管理するのも面倒です。しかし、我々はそうでもないでしょう?」

「なるほど。そうですね。でも傘立てを置くだけで、お客さんは感動するかな? マクドナルドの千倍、万倍の商品を買うんですから、もう少し工夫したいところですね。『この会社は国際的だ!』と思わせるにはどうしたらいいでしょうか?」

「じゃあ、こういうのはどうですか? 傘立てではなく、直接スタッフがお客さんの傘をあずかる。そしてお客さんが帰るときまでにちゃんと乾かして、しかも畳んで返す」。

「なるほど、それだったらお客さんは感動してくれるね。『この街でそんなことをしてくれる会社は他にない!』と言ってくれると思う」。

こうして、出題することによって短時間で意図を理解させることができたのである。

F．格言――いわば権威の笠を借りるズルい手法である。自分の意見を述べた後、偉い人の言葉を付け足すことで箔を付けるのだ。あらかじめ、ちょっといい言葉をたくさんストックしておくといいだろう。ロジックではうまく表現できないが、確信として自分にあるものを伝える際に効果的だ。

先ほどの「国際企業が売っているのは、モノではなく、体験である」という話をしたときも、スターバックスのCEOが語っていた「確かにわが社のコーヒーはうまい。しかし我々の商品はコーヒーではない。体験である」という言葉や、アマゾンのCEOが言う「私たちの目標は成長ではない。顧客に最高の満足体験を提供することである」という言葉、またコカ・コーラ社のCEOが語った「過去は広告戦略などで『好感』を持ってもらえればOKだったが、今は『愛され』ないといけない」という言葉を紹介することで筆者の主張の「権威性」を高めた。

他にも、昆明のデザイン会社の社員には、自主的に考え、行動できる人が少なかった。常に誰かがやってくれると考えている人が多かったのである。そのことについて説教をしなければならないことがあった。

その際に、「誰かがやるのを待つのはダメです。あなた自身が考え、行動することが求められます。みなさんにはその力があるんですから」と述べた後、日産CEOのカルロス・ゴーン氏の言葉を付け加えた。

「人間にとって最大の罪は、持って生まれた能力を無駄にすることです」

すると、何となく場がシャキッとした。ちなみにこの言葉は、雲南大学の学生に「もっとまじめに勉強せよ」と説教するときにも使っている。「そうしないと、目の前にいるオジサンみたいになっちゃうからね」と付け加えて。

G. その他――それ以外にも様々なテクニックが考えられるだろう。最後に「三つにまとめる」と

「逆説」というテクニックも紹介しておこう。

「三つにまとめる」は、ポイントを三つに集約させることで、主旨を明確にするテクニックである。「逆説」は、言いたいことを逆説的に表現することで、聞き手に強い印象を与えるテクニックだ。これらについては、恰好の事例がある。

筆者の友人で雲南大学のＭＢＡ教授であるマイケル・チャン氏が、筆者の働くデザイン会社に来て、スタッフたちにレクチャーをしたことがあった。

レクチャーのテーマは、「仕事の取り組み方」だ。この会社のスタッフたち（営業マンやバックヤードのスタッフたち）の中には、社会人としての基本すらおぼつかない人がたくさんいる。そんな彼らに、マイケルはとても分かりやすい言葉で解説した。

彼は問いかけた。「一般的にいって、ボス（指導者）はどういう人か？」

「出題」のテクニックである。そう問われたスタッフたちは、きっと自分の上司、または自分の会社の社長、あるいは顧客を思い浮かべたはずだ。その次に彼らは、指導者とはどんな人物かについて考えただろう。そして「包容力」や「統率力」、「先を読む力」など、実際の人格はさておき、人の上に立つための資質について思いをめぐらしたに違いない。

ところがマイケルはこう言った。「ボスには三つの特徴がある」。ここで彼は「三つにまとめる」というテクニックを使った。続けて彼は「逆説」のテクニックを使う。

1 Lazy 怠け者
2 Greedy 貪欲
3 Impatient せっかち

マイケルは解説する。「第一に、ボスは怠け者だ。面倒くさいことはやりたくない。だから部下にやってもらいたいと考えている。第二に、ボスは貪欲だ。常にお金を儲けたいし、無駄な費用はかけたくないと思っている。だから部下には、金儲けに奔走して欲しいと思うと同時に、給料以上の仕事をしてもらいたいと考えている。第三に、ボスはせっかちだ。欲しい情報や結果をすぐに見たいと考えている。だから部下には、すぐに仕事の報告をしてもらいたいし、すぐに結果を出してもらいたいと考えている」。

マイケルは、上司の特徴を「三つにまとめる」と「逆説」のテクニックを使って表現することで、スタッフがやるべき事を強烈かつ明確に伝えたのである。

シンプルに伝える

いくつかのテクニックを紹介してきたが、表現力を高めるために必要なことはあくまでも「サービス精神」だと思う。そして上記テクニックは、サービス精神の結果として生まれ、使われるべきものである。

最後に、サービス精神の大きな土台として「シンプルに伝える」ことがあるのも再度強調しておきたい。そもそも、本当に大切なことは、「中学二年生でも理解できるはず」である。プレゼン内容を熟知している作り手は、初めて聞く人にとって分かりにくいものを作りがちである。「中二でも分かるように」と考えながら資料を作って、やっと分かりやすい資料が作れる。聞き手にストレスなく伝えることこそ、サービス精神の要諦なのである。細かいものについては、質問されたら答えるに留めたり、別紙資料にまとめたりしておくべきだ。

筆者が雲南大学の日本語科学生と対話をしていて気付いたのは、本質（痛い、苦しい、楽しい、気持ちいい、ハッピー）から始め、シンプルに語れば、お互い理解しあえるということだった。

微妙なニュアンスでしか表現できないものは、所詮本質ではないと決め込み、重視しないことにした。そうしてからもう数年が経つが、大学の授業にしても仕事にしても、何ら困ったことがない。

発想力、構想力、表現力は、デザイナーと関わることで加速度的に深まっていった。そしてこれらを取りまとめるものこそ、デザイン思考なのである。

第三章　「デザイン思考」の実践

1　利益志向のインテリアデザイン

本章では、デザイナーに学んだド素人（筆者）による、デザイン思考の実践を紹介したい。「はじめに」で述べたとおり、デザイン思考の本質は、究極的には「誰かをハッピーにする物語を作ること」にある。以下で紹介するケースもそれがスタート地点となっている。

筆者が中国で働いている弘佳という会社は、インテリアデザインとその施工を主な業務としている。そのため筆者もインテリアデザインの仕事に多く関わってきた。そこで本章では、ホテルやオフィスなど、インテリアデザインでの実践を紹介する。それに加え、もう少し抽象的なこと、つまり会社のことや、社会のことに関するデザイン思考の実践も紹介していきたい。なお、以下に示す実践は、受注できたものもあれば、受注できなかったものもある。いずれにせよ、筆者にとっては「自分にしては、いい提案だった」と思えるものである。

商業施設のインテリアデザインには、「利益を重視するデザイン」と、「理念を重視するデザイン」に大別できる。まず、利益を重視するデザインから紹介していこう。最初に、その代表格である「ホテル」のインテリアデザインについて説明したい。

ホテルのデザイン

ホテルのインテリアデザインは、ホテルインテリアデザイナーの深津泰彦さんから学んだところが大きい。先日、会社のスタッフからホテルインテリアデザインの提案方法について簡単に説明してほしいと言われた。

その時に作った資料をもとにしながら、筆者の考えるホテルインテリアデザインの提案手法を説明しておこう。

ホテルのインテリアデザインを考える際、最も大切なことは何か。それは「利益を最大化すること」である。

クライアントの中には「趣味でホテル経営したい」という人もいるが、それは例外である。ホテルを作る際には、莫大な投資と多くのステークホルダーが集まる。そこでは、利益を最大化できるデザインこそが、クライアントの「夢の実現」に最も近い提案となる。

利益を最大化するホテルデザインとは、「投資金額をできるだけ抑えつつ、できるだけ高い宿泊料で、できるだけ多くの宿泊客を集めるデザイン」とほぼ同意である。

では、そんなデザインをするために何をすべきか。最初にやるべきことは現状分析である。デザイナーはマーケターではないから、詳しく分析する必要はない。以下に挙げるような基本的なもので十分である。ただし、市場の五年後、一〇年後をにらみつつ検討する必要がある。

1　環境分析

●マクロ分析（広域から見た立地場所の優位性、劣位性）

↓優位性（強み）をさらに高めるには？

↓劣位性（弱み）を補う（優位性に変える）には？

●ミクロ分析（狭域から見た立地場所の優位性、劣位性）

↓優位性をさらに高めるには？

↓劣位性を補う（優位性に変える）には？

2　競合分析

●競合の優位性

↓競合が優位に立っているものでは戦わないようにする

●競合の劣位性

↓競合の劣位性に注目し、そこを強化する

3　当該ホテル分析

●ホテルそのものが持つ優位性

↓優位性をさらに高めるには？

●ホテルそのものが持つ劣位性

↓劣位性を補う（優位性に変える）には？

2の「競合分析」をする際は、十字のマトリックスを使ってポジショニング分析をするといいだろう。たとえば縦軸を価格帯とする。上に行くほど高くなり、下に行くほど安くなる構図だ。横軸はサービス（施設数）の多さを表すことにする。左に行くほどサービスの数が減り、右に行くほどサービスの数が増える（フルサービス）。こうすると、右上は「インターコンチネンタルホテル」のような大規模で施設の種類の多いホテルが集まる。左下はビジネスホテルや民宿のようなホテルが集まる。そして、「では当該ホテルはどこに位置するのか」を考えるのである。

縦軸と横軸は、状況に応じて変えても良い。たとえば、縦軸をドメスティック（地域的）←→インターナショナル（国際的）、横軸をビジネス←→リゾートとしてもよい。競合ホテルと当該ホテルの位置づけが明確に異なっているほど、いい競合分析の構図である。

以上のような分析を通じて、利益を最大化する方法を考える。これはビジネスでいえば「基本戦略」にあたる。デザイナーはそれを簡単な言葉で表現する。この言葉が「基本コンセプト」となる。デザイナーは、この基本コンセプトに基づき、そこから派生する様々なデザインアイデアを考える。自由に拡散されたアイデアは、ある時点で集約させる必要がある。そして集約させたアイデアを、再び簡単な言葉でまとめる。この言葉が「デザインコンセプト」となる。つまり、インテリアデザインにおいてコンセプトには二種類ある。ひとつは「基本コンセプト」、もうひとつが「デザインコンセプト」である。

ホテルのデザイン提案例

ここでは、昆明郊外にあるホテルについてデザイン提案した時のものを紹介したい。割と典型的な例だと思うからである。

このホテルの立地は昆明の中心地からやや離れており、集客の困難が予想された。デザインを通じて、これをどう解決するべきだろうか。ひとまず環境分析をしてみた。

マクロでみれば、雲南省は中国を代表する観光地であり、さらに昆明は雲南各地の名所に行くにあたっての中継地点である。そのため、ホテル業にとってはメリットの高い立地と言える。一方、ミクロから見た場合、いい点もあるとはいえ、客層が限られる立地であることが分かる。

次に競合分析を行った。ちなみに本案件における競合ホテルの分析は、実際には以下に示すよりもっと詳しい調査を行っており、それぞれの強みと弱みを明らかにしている。

●競合するホテル

●Aホテル

●五つ星ホテル。宴会場など全ての機能が網羅されている。大きな会議や接待をしたい大企業や政府向き。

●Bホテル

●我々のホテルに隣接。

●ラブホテル風のテーマホテル。会議室などはない。機能よりロマンを求める客向き。

●Cホテル
●我々のホテルに隣接。
●ビジネスホテル。会議室などはない。機能重視。
●Dホテル
●我々のホテルからやや遠い。
●SPAが充実しており、大宴会場もある。

次にポジショニング分析である。縦軸を「ビジネス↔レジャー」、横軸を「特化型↔総合型」とした。これは、競合となる四つのホテルと、当該ホテルの特徴を踏まえ、最も適切だと思われる軸を考え、設定したものである。

ではこのマトリックスのなかで当該ホテルはどこに位置づけられるか。これは本来、クライアントが決めることである。しかしデザイナーにもデザイナーの観点があるべきだ。筆者は下図のように位置づけた。

この場所に置けば、三つの競合ホテルから客を引き寄せられると考えたのである。一方で、二本線が交差するマトリックスの中心に置けば、四つのホテルから集客できるで

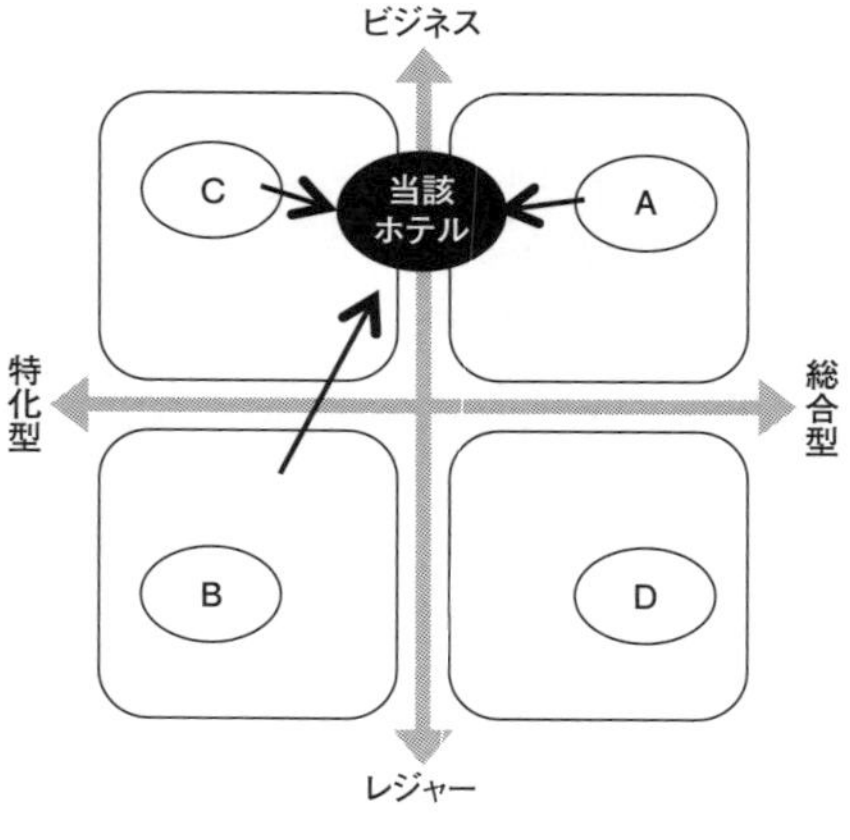

はないかと考える人もいるだろう。しかし、それでは要するに個性のないホテルということになってしまう。また、以下の分析で明らかなように、すでにできている建築の外観から見れば、中心より上のポジションが最もふさわしいと考えたのだ。さらに、クライアントの当初の要望として、大きめの会議室を必ず設置することがあったことから、ビジネス寄りにしたという背景もある。

最後は当該ホテルの分析である。本提案では、建築の外観をベースに分析した。

当該ホテルは大きな交差点に立地しており、外観は非常に重要となる。そのため、ホテル自体のコンセプトも外観に合わせたほうが、相乗効果が高まる。その建築は昆明では珍しくスマートで未来感があった。ということはホテルのインテリアデザインも現代的なほうがふさわしいだろう。

これらを踏まえ、基本コンセプトは「スマートな高級ビジネスホテル」とした。デザインコンセプトは、筆者の中では明確だった。このホテルは高額な宿泊料金では客が集まらないことは目に見えていた。せいぜい中レベルの料金に留まる。その条件で利益を上げるには、初期費用を下げるしかない。すると、当然のようにシンプルなデザインにして施工費用を抑えることになる。既存例として「ホリデーイン・エクスプレス」のようなビジネスモデル（ホリデーインのブランド力を維持しながら、簡素化することで宿泊価格を下げたホテル）がある。そして筆者は、デザインコンセプトを単純に「ホリデーイン・エクスプレスのようなデザイン」とした。本来ならもっと気の利いたコンセプトワードを考えるべきだったが、クライアントはホテル事業をこれから始めようと考えており、業界に疎かった。さらに昆明には「ホリデーイン・エクスプレス」のような業態はまだ進出していない。だからこのほうがむしろ分かりやすいと思ったのだ。

デザインのイメージとして、「ホリデーイン・エクスプレス」や「イートンホテル」の画像を張り付けた。

また、このホテルは集客が心配だったので、ホテル客室以外に長期滞在者向けのサービスアパートメント（中国語で服務式公寓）を設けることを提案した。

以上を踏まえ、ホテル立面図に諸機能を配置した。

それでも集客が心配だった筆者は、「必ず宿泊料金を安めに抑えること。競合ホテルを上回るサービスを維持すること」を主張した。そのためには、初期費用を低く抑えること以外にも、効率的な宣伝と高いサービスの維持が必要となる。その手段として、

●家具費用を抑える（シンプルなデザインにする、安価かつ高品質の上海家具工場発注ノウハウの提供）
●大宴会場、大レストラン、ＳＰＡなど無駄な施設を排除することで維持費や人件費を節約
●中国で流行しつつある「スマート」なデザインであることを強調し、若者にも宣伝する
●サービスを良くする（日本のホテル運営会社の指導も可能）
●清潔を維持する（日本のホテル運営会社の指導も可能）
●広さで遜色ない（約三〇～五〇平米）ので、それを強調する

などを提案した。

これを聞いたクライアントは感心した。イケイケ経済の中国では、市場調査や分析などしないで、

まずやってみる人が多い。そして当地のデザイナーもとにかく豪華なデザインを提案しがちである。だからこの程度の分析すら珍しかったのだ。

ところがクライアントは、ホテル事業は作った後のほうが大変であることを認識した結果、ホテルを作ること自体をやめてしまった。テナント貸しのほうがいいと判断したのである。

モデルルームのデザイン提案例

ここで言うモデルルームとは、不動産デベロッパーが、住宅を買う人に向けて作ったモデルルームを指す。その目的は、「この場所で、こんな住宅に住んでみたい！」と思わせ、住宅購入を促すことにある。この場合、デザインはどうあるべきか。言うまでもなく、この開発地のすばらしさを引き立てるものでなくてはならない。開発地の良さを探るには、やはりホテルの項でやったような各分析が欠かせない。以下では、雲南の観光地のひとつである大理にあるデベロッパーに向けて提案した事例を紹介しよう。

クライアントは大理を拠点に商業・住居・ホテル一体型の大型不動産開発をするデベロッパーである。提案するのは、開発地の一角にある別荘エリアのモデルルーム三軒のインテリアデザインである。

クライアントに状況を聞くと、顧客の七割が北京や上海、広州、昆明といった大都市の人であり、まさに避暑・避寒用の別荘として買われている傾向があった。売れ行きはそれほど芳しくなく、彼らはこの別荘をどう売っていいのか迷っていた。現状の別荘の売り方は、大理の自然や文化を全面に出したものである。しかし、そのような利点は大理の全ての別荘でも同じことが言えてしまう。売り出すにあたって強調すべきは、この別荘にしかない独自の魅力である。

そこで筆者は、営業面で困っているクライアントを、デザインを通じてハッピーにする提案を目指すことにした。つまりこの別荘独自の魅力を伝えようと考えたのである。

それを考えるにあたって細かい分析は不要だった。概要をまとめれば十分である。

●当該開発地：
「大理古城」に隣接
↓アクセスの良い場所
↓誰でも分かる場所
↓大理の自然を代表する湖（洱海）や山（蒼山）にも近い場所

●開発地における別荘エリア：
開発区で作られる「歩行街（商店街）」に隣接している
↓観光客が多く集まっている
↓にぎやかな（うるさい）感じ

●別荘の建築外観：
高級感があり、大理文化を彷彿とさせるデザイン。各別荘の面積が多様
↓インテリアデザインでも高級感を出すべき

↓インテリアデザインでも大理文化を取り入れるべき
↓インテリアデザインでも用途の多様性を考慮するべき
●ターゲット顧客：
七割が大都市（北京、上海、広州、昆明）に住み、四〇代、高収入層
↓彼らは大理の別荘に対し、どのような要望があるのだろうか？

最後の問いかけ「彼らは大理の別荘に対し、どのような要望があるのだろうか？」の答えこそが、クライアントが営業面でハッピーになるための方法である。この問いについて、以下で分析していこう。

大都会に住む顧客が大理の別荘に求めるものはおそらく三点。一つは「自然」。大都市から来た人にとって見れば、山も湖もあり、空気のきれいな大理は大変魅力的である。二つ目は「気候」。春の街と呼ばれる昆明と同様、大理も冬は暖かく、夏は涼しい。特に夏場は、軽井沢をしのぐほど快適な気候となっている。三つ目は「伝統・文化」である。伝統文化が破壊されて久しい中国にあって、大理にはペー（白）族の文化がふんだんに残されている。素朴な文化は、都会の中国人にとっては心安らぐものである。

そう考えた場合、この別荘には欠点が二つある。一つは、「大理の最も良好な自然が見られるわけではないこと」。大理の美しい自然を見たかったら、新興リゾート地の「双廊」などいい場所が沢山ある。二つ目は、「ややさわがしいこと」。観光客のメッカである「大理古城」に隣接している上、別

荘の周りには、古城を延長させたような「商店街」が作られる予定だからだ。

一方で、いい点もある。一つ目は、「交通が便利なこと」である。誰もが知る「古城」に隣接している上、大きな国道が二つ通っている。空港からのアクセスもいい。二つ目は、「ビジネスがやりやすいこと」である。商店街に隣接しているため、別荘は住宅だけでなく店舗としても成立するのだ。三つ目は「コミュニケーションしやすいこと」。大理の中心地である古城の近くには、大理のビジネスマンや外国人、芸術家などが沢山住んでいる。そんな人との交流がしやすい。四つ目は、「様々な娯楽を享受しやすいこと」である。大きなスーパーやホテル、美術館や映画館、各店舗が近く、都市的な生活を満喫できるのだ。

そう考えると、従来クライアントがしてきたような、大理の自然や文化を全面に出して勧誘するよりも、当該エリアが独自に持つこれら四つの優位性を強く伝えたほうが、ターゲット顧客に魅力を強く訴えることができるのではないだろうか。

四つの優位性を考慮した場合、別荘の用途には四種類が考えられる。

1　プライベートなサロン
●来訪者がアクセスしやすい場所にあり、大都市からの人だけでなく大理在住者にとっても便利。

2　旅館
●古城に隣接していることから、旅行者にとって便利。

3　店舗

●商店街に隣接していることから、顧客を呼び込みやすい。

4　住宅

●夫婦：寛げる環境と、買い物や娯楽など利便性の高さ。大理の芸術家や外国人との交流に便利。
●父母：多くの人々との交流。散歩のしやすさ。
●子供：良好な教育環境（歴史文化や自然文化を学べる、外国人から語学学習、芸術家から美術の学習が可能）。
●仕事：様々な人との交流で視野が広がる。大理の自然を味わうことで疲れをいやし、イノベーティブな発想を醸成する。多様な人との交流でビジネスチャンスが広がる。
●避暑や避寒：夏場や冬場にはここに滞在し、快適な環境の中でネットを通じて仕事を進める。

これらを踏まえ、基本コンセプトを「時にくつろぎ、時に思い切り遊ぶ」とした。これを見た中国人スタッフが「もっといい中国語がある」と言ったので、クライアントに提案する際は「静如初子、動如脱兎」とした。「時には処女のように静かに、時には脱兎のごとく動く」という意味である。

さらにデザインコンセプトを「リゾート・モダンライフ・大理文化」とした。

リゾートとしたのは、基本コンセプトにおいても、別荘の四つの用途全てにおいても、くつろげる環境というのは必須だからである。モダンライフとしたのは、顧客の七〇％は大都市の顧客であるため、現代的な生活は彼らの習慣となっているからである。また旅行客も同様で、彼らは一方で大理的なものに魅了されながら、一方では現代的な快適生活を求めている。三番目の大理文化は、当該開発の設計理念からみても、古城に隣接していることからみても、大理文化の雰囲気は欠かせないからだ。

さて、今回の仕事は別荘三軒に対するインテリアデザインの提案だった。三軒のうち一軒目を住宅用、二軒目をサロン用、三軒目を避暑・避寒用として提案した。

一軒目の住宅用のインテリアデザインは、「リゾート・モダンライフ・大理文化」のうち、とりわけモダンライフを強調するものとした。長期的に住むのだから機能性の高いモダン住宅にしたほうがいいという発想である。二軒目のサロン用は、大理文化を強調した。大都市からやって来た人（別荘の持ち主の客）は、やはり大理の雰囲気を満喫したいだろうからである。三軒目の避暑・避寒用は、リゾートを強調した。自然環境の良さを満喫できるデザインにしたいと考えたからである。

コンセプトは、顧客のみならず、関係者全体を考慮しながら作る必要がある。たとえいいアイデアでも、実現できなければ意味がないからだ。我々内部事情から見ると、これら三つのデザインは、それぞれイタリア人、スペイン人、中国人の各デザイナーがすることになっていた。彼らにコンセプトの細かいニュアンスを伝えていくのは至難の業だったし、解釈の違いによってかけ離れたデザインになってしまうのも怖かった。そのため、以上のような分かりやすいデザインコンセプトにしたという経緯もある。

とはいえ、顧客から見ればこのコンセプトは最上のアイデアだったらしく、難なく受注することができた。

2　理念志向のインテリアデザイン

これまで利益を重視するデザインについて説明してきたが、以下では理念を重視するデザインの実践を二つ紹介する。ひとつはオフィスのデザイン。二つ目はスクールのデザインである。

オフィスのデザイン

最初に、筆者の考えるオフィスのインテリアデザインの提案手法から説明していこう。目標とすべきは、デザインを通じて「顧客をアンハッピーからハッピーに変えること」である。利益重視のデザイン案件で重視すべきことは「利益の最大化」だったが、利益より理念を志向するオフィスの場合、重視するべきことは以下の三つがある。

1　外部からの人に会社のイメージを伝えるデザイン
●デザインを通じて経営者の夢や理念を伝える
●デザインを通じて経営戦略を伝える
2　オフィスで働くスタッフに会社の方針を伝えるデザイン
●デザインを通じて経営者の夢や理念を伝える

●デザインを通じて経営戦略を伝える
3　オフィスで働くスタッフにとって働きやすいデザイン
●スタッフの仕事内容を考慮した動線、設備
●スタッフのモチベーションが上がるデザイン

これらのうち、どれを最も重視すべきかは、オフィスの経営者の考え方によって異なる。デザイナーは、経営者に話を詳しく聞くとともに、クライアント企業自体を分析し、最適なオフィスを提案することを目指す。この時のポイントは、企業の五年後、一〇年後を想定しながら考えることである。なぜなら企業には一貫性と永続性が求められており、それを象徴するのがオフィスだからである。

ではクライアント企業をどう分析すべきか。ここでも、ホテルのインテリアデザインと同様の分析を行えばよい。さらに、オフィスの立地についても分析しておきたい（インテリアデザインの場合は、すでに平面図があることが多い。その場合は平面図も分析する）。

1　クライアント企業の分析
●企業の強みは何か
→さらに強くするためには？
●企業の弱みは何か

↓弱みを補強する（弱みを強みに変える）ためには？

2　オフィスで働くスタッフの分析

●スタッフの強みは何か

↓さらに強くするためには？

●スタッフの弱みは何か

↓弱みを補強する（弱みを強みに変える）ためには？

3　立地（環境）と平面図の分析

●強みは何か

↓さらに強くするためには？

●弱みは何か

↓弱みを補強する（弱みを強みに変える）ためには？

ここから先は、ホテルインテリアデザインの提案と同じである。以上のような分析を通じて、最も理想的な方法を考える。そして、それを簡単な言葉で表現する。この言葉が「基本コンセプト」となる。

デザイナーは、この基本コンセプトに基づき、そこから派生する様々なデザインアイデアを考える。前述の通り、自由に拡散されたアイデアは、ある時点で集約させる必要がある。そして集約させたアイデアを、再び簡単な言葉でまとめる。この言葉が「デザインコンセプト」となる。

オフィスのデザイン提案例

以下では、IT企業を誘致するデベロッパーのために作ったオフィス提案を紹介する。クライアントは、昆明中心部と昆明空港のちょうど真ん中あたりに立地する、IT企業向けオフィス開発区の、その中でも核となるエリアのオーナー企業である。このIT開発区は、昆明市政府の支援によって作られたものである。雲南省および昆明市は、中国政府による「西部大開発」の計画を踏まえ、雲南省でIT産業を盛んにするという使命を持つ。クライアントは、そのような使命を背負っている。デザイン対象となるオフィスで行われる当座の業務は、この開発区に入居するIT企業や、IT企業社員向けの商店の誘致活動である。

前述の通り、オフィスで重視されるものは「1　外部からの人に会社のイメージを伝えるデザイン」、「2　オフィスで働くスタッフに会社の方針を伝えるデザイン」、「3　オフィスで働くスタッフにとって働きやすいデザイン」だった。今回のケースでは開発地を視察に訪れる顧客が頻繁に来訪することから「1　外部からの人に会社のイメージを伝えるデザイン」が重視されることになる。

クライアントからは、「このIT開発区を、南部の『中関村（北京のシリコンバレーと呼ばれているエリア）』と呼ばれるような、中国を代表するIT開発区にしたい」と言われていた。しかし、言っている本人ですら「そんなことはありえないけどね」といった顔をしていた。

だが筆者は、その言葉をチャンスととらえた。「顧客をアンハッピーからハッピーに変えること」こそ、我々のミッションだからである。ではデザインを通じて「『南部のシリコンバレー』と呼ばれるような地区にするにはどうすればいいのか。

まずは環境分析をした。環境から見たプロジェクトの強みと弱みを考えたが、提案の「物語」を円滑に語るため、クライアントには強みのみを指摘した。

●プロジェクトの強み
1　昆明経済技術開発区のコアとなる地区
2　中小企業も誘致できる多様性
3　企業を成長させる金融資本と政策支援
4　企業の国際化を支援する各種サービス
5　働く人の個性を高める環境と先端機能
→これら外部環境と内部環境の強みを最大限に生かしたデザインが求められる

次にクライアントが所有するエリアの建築を分析した。

●建築の分析
1　外観
●国際的要素が融合し、中国と西洋の建築が融合した国際的なデザイン
→海外企業や中国の国際企業の入居を促進できる
●環境を考慮した建築

↓ヒューマンオリエンテッドなオフィス環境は、国際企業の入居を促進させる

2　規模

●大きすぎず、小さすぎず

↓企業間のコミュニケーションが生まれやすい

3　景観

●山と建築が融合するリラックスした環境

↓知的発想が促進される

4　周辺環境

●市の中心部と空港の中間に立地

●自動車での移動になりがち

これらの分析から、基本コンセプトを「多様性を重視したＩＴオフィス」とした。以下のようなストーリーである。

①昆明の持つ良好な自然環境

②当該プロジェクトが持つ良好なＩＴプラットフォーム

③雲南省の持つ多様性

この①②③の三つを魅力とすることで、中国や東南アジアから優秀な人材と企業を集める。たとえば有害スモッグだらけの北京より、環境のいい昆明で働きたいという優秀なIT人材が必ずいるはずだ。そして、シリコンバレーを見ても分かるように、IT産業は多様性の中から新しいビジネスが生まれる。だから基本コンセプトは「多様性のあるITオフィス」がふさわしいのだ、と説明した。

多様性について、クライアントにもう少し詳しく説明する必要があった。そもそも、これまでの一般的なオフィスとはどんなものだったのか。それは、「効率、模倣、反復」が求められるものであり、仕事はつらく、やる気の出ないものだった。しかしイノベーションが常に生まれるIT企業で求められるのは、「インスピレーション、ITを通じた効率、多様性」である。そこで働くスタッフは、仕事は確かにつらいが、楽しいと思っている。

また、シリコンバレーはどうして先端企業が集まり続け、イノベーションが生まれ続けるのか。よく言われることに、シリコンバレーでは「イノベーションはバーで生まれる」。シリコンバレーには様々なIT企業が集積しており、彼らを支援する資本家たちも多いが、イノベーションが生まれやすいのはそのためではない。そこで働く人々が日夜、カフェやバーに集まってコミュニケーションしているからである。彼らは様々な国からやって来ており、また多様な知識を持っている。そんな人たちが交流することで、今までにない発想が生まれるのである。

当該プロジェクトのデザインも、そんな交流を促すデザインがふさわしいと提案したわけである。交流を促すアイデアとして、たとえば周辺環境から見ると、スタッフは自動車での移動になりがちである。ならば、企業間のコミュニケーションを促進させるため、一階や広場にカフェやバーを多く入れるべきだろう。また、中国人は喫煙者が多い。ならば、各フロアに喫煙室、またはリラックス室を充実させると良い。

基本コンセプトである「多様性のあるITオフィス」を踏まえ、デザインコンセプトを「IT・イノベーション・多様性」とした。基本コンセプトとほぼ同じである。そして各キーワードを形状や材料から分解した。

> IT：直線、ガラス、連続性、白、最新機器
> イノベーション：曲線＋人工材料、自然材料＋人工材料
> 多様性：カラフル、多種多様

これらは、各言葉に合った画像を添付すれば分かりやすくなる。こうしてコンセプトができあがった。後はデザイナーが動線などを考慮しながら図面に機能を配置し、適切なインテリアデザインを考えていけばいい。

スクールのデザイン提案例

次の例は、キッズスクールのインテリアデザイン提案をしたときのものである。このキッズスクールは英語教育が主体の学校だが、英語を学ぶことが子供たちのゴールではない。そこをきっかけとして様々な分野（国語や数学、美術など）に興味を広げさせていくような、かなり先進的な教育方針と

なっており、また、親の授業参観を積極的に奨励している。父母の受けはすこぶる良く、設立六年で三〇〇〇人以上の子供が在学している。

実際にキッズスクールに行ってみると、子供の目の輝きに驚いた。さらに子供たちは、親よりも礼儀正しい。授業の入れ替わり時に見学に行ったのだが、すこぶる混雑しているのにも関わらず、何の混乱も生じない上に、我々に挨拶までしてくるのだ。正直言って、中国でこのような光景を見たのは初めてだった。

求められる提案は以下の通りである。キッズスクールは高級オフィスビルの四階にある。一階にはスターバックスが入るほどの、昆明ではかなりいいビルだ。現在の教室（四階）が手狭になったので、一六階にも同様の教室を増設させたい。ただし四階は五〜九歳までの子供が学ぶ場所なのに対し、一六階では一〇〜一八歳の子供が学ぶ教室に加え、図書室と職員室を設けて欲しいという要望である。そして会社の理念をきちんと理解している人にデザインして欲しいとのことだった。

スクールの校長はまだ二九歳。アメリカで一〇年以上過ごし、誰もが聞いたことのある当地の一流大学を卒業している英才である。さらに彼を支えるスタッフたちも同様に若く、外国帰りの高学歴が多い。

スクールの理念は以下のようなものである。

●スクールについて
→英語教育を中心として、子供の意思や才能、理想を伸ばす、総合的な素養教育の学校。

●教学法
↓中国の子供の特性に合った教学。中国の伝統的教育法と国際的な教育法を融合させつつ、子供の潜在能力を伸ばしていく。
●教育方針
↓童心を伸ばすと同時に知識を付けさせていくことにより、健全で積極的な価値観をはぐくむ。多様な人材の育成を目指す。
↓父母の授業参観を奨励する。親の関心、愛情が多い子供ほど、成長した後の「収穫」も多いからである。

基本コンセプトを考えるにあたって、スクールの理念を踏まえつつも、自分なりに「理想的な子供の教育とはなにか」について考えてみた。根本から考えたほうがいいコンセプトが作りやすいからである。

親は子供に対し、何を望んで勉強させるのだろうか。本質的には「幸せになってもらいたい」からではないだろうか。では子供が幸せになるとはどんなことだろうか。何を幸せというかは人それぞれだろうが、一番基本的なことは「食いっぱぐれないこと」だろう。そして、できれば成功人士になってほしいし、いい家庭を築いてほしい。とにかく、子供が二〇年後も三〇年後も、ニコニコと笑って暮らしていれば、親は満足なはずだ。

そう考えた場合、子供が大人になったときの世界を予測する必要がある。現在から見て役に立つ勉強をさせても、未来の状況が変わってそれらが全く役に立たなかったら子供は幸せになれないだろう。だから未来の状況から逆算して、現在の教育を考えるべきである。

今後の世界について、筆者は下の図のように考えた。

次に、予想される未来を踏まえて、子供に必要な教育とは何かを考えた。以下のようなものである。

子供の教育にとって必要なものはざっくり四つある。第一は、親の愛情と健康である。それ以外に大きく三つあって、一つは「知性」。基礎学力と言語、それに思考力である。先進国に学ぶ必要があった過去は、基礎学力と言語の勉強が重要だった。しかし今後はそれだけでは幸せになれない。今後は新しいものを生み出す力が必要になるため、思考力が重視されていくだろう。二つ目は「クリエイティビティ」。自主的に興味を持ち、独立した思考で何かを生み出すような力が必要である。三つ目は「交渉力」である。いいアイデアがあっても、それを実現させるためには様々な人の協力が必要である。またグローバル社会においては、様々な人が存在することを理解し、共感する感性が必要となる。彼らとの交流を通じてはじめて、真に価値のあるものを生み出すことができる。

そしてこのスクールは、この様な考え方をまさに実践しているのだと考えた。未来の世界を見通しつつ、その中で生きていく子供たちにとって最適な教育はなにかを考え、それを実践している学校な

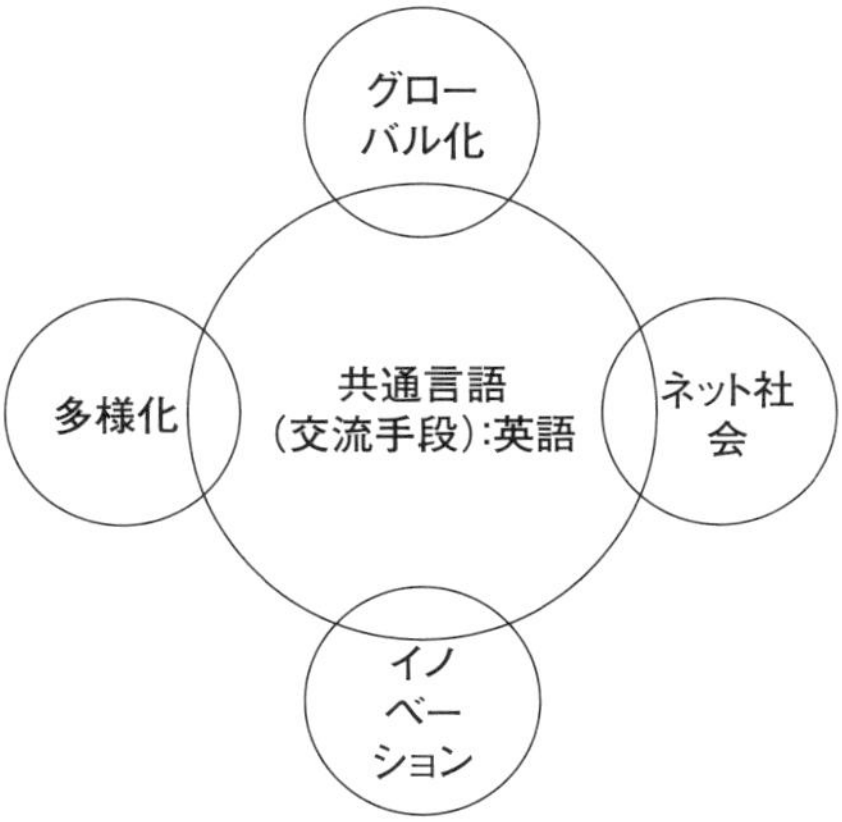

のだと主張したのである。

もう少し踏み込んで考えてみよう。本プロジェクトは、一〇〜一八歳までの教室がメインである。このぐらいの歳の子供に必要なものはなにか。デザイナーは教育学者ではないので、好き勝手な持論を展開できる。それが正しいか正しくないか、あるいは納得できるかできないかは、クライアントが決めることだ。

〇〜四歳の子供が最も必要とするのは、愛情と健康である。五〜九歳の子供に必要なのは、知性とイノベーティブになるための教育である。一〇〜一八歳の子供に必要なのは、イノベーションと交渉力である。

分析はさらに続く。交渉力を高める能力を持つというのは、大人として成長することとほぼ同義かもしれない。もしそうだとすれば、「大人になる」とはどういうことだろうか。それを考える際、まず「子供とはなにか」を考えてみよう。当時、筆者の周辺には「大人なのに子供みたいな人」が数名いた。常々、「なんで自分は、この人を子供っぽいと思うのだろう」と考えていたから、この問いに対する答えは難しくなかった。

子供とは、未成熟ということである。未成熟な人は自分を中心に物事を考えている。自分の立場を自覚しておらず、同時に相手の立場も理解できない。なぜなら社会の仕組みを知らないからである。

逆に大人とはなんだろうか。子供と違って社会の仕組みを知っている。だから自分の立場を知っており、相手の立場も理解できる。そして自分の立場に責任を持っている。だから一〇〜一八歳の子供に対しては、そのような大人になるためのきっかけをできるだけ作ることが望ましい。要するに、社会はどんなものかを伝えるべきである。
以上の分析から、結論は以下のようになる。

●今回デザインする一六階
↓一〇歳～一八歳の子供が対象
↓そのため愛情と健康、知性を養うことを基本としながら、イノベーティブな力と交渉力を養う場にすべきである。
●イノベーティブな力とは
↓独立心を養う、情熱を持つ、主体的に自分の好きなものを見つける
●交渉力とは
↓共感力、コミュニケーション能力、チームワーク、社交性、社会性がある
●大人になる契機ともなる場所にもすべきである。
↓社会とはどんなものかを伝える
↓大人や先輩とのコミュニケーション
↓広い世界における自分の小ささの自覚
↓社会と対峙する際の基本的な規律と礼儀

以上の結論から、一六階の基本コンセプトを「学ぶ楽しさ＋規律」とした。つまり「子供の潜在能力を伸ばしながら、大人になる準備をする空間」ということだ。

この基本コンセプトをいくつかのポイントで説明すると、以下のようになる。

●基本的には「学ぶ楽しさ」を重視する空間
　→一方で「規律」を感じさせる空間
●父母や先生とのコミュニケーションの空間
●先輩と後輩のコミュニケーションの空間
●視野を広げる空間
　→「これは何だろう?」、「これはなぜだろう?」と思わせる空間
●世界（社会）の多様性を感じさせる空間
　→他者への思いやりを養う
　→わざと不便さ（不合理）を感じさせることで便利さに気付いてもらう

世の中には多様な人々がいる。そのため、時には合理的でないと感じられることもある。しかし他者への配慮こそ、大人らしい振る舞いと言える。

この提案では、デザインコンセプトは考えなかった。そのかわり、基本コンセプトを踏まえ、様々なアイデアを出した。

たとえば、図書室は四～九歳の子供も使用するので、次のようなことを考えた。

●大小様々な椅子を用意して不便（不合理）を感じさせるようにする。
●対面式の椅子と机も用意して、先輩・後輩のコミュニケーションを促す。
●様々な形状の本棚を用意して、図書への興味を促す。
●背の高い本棚を配置する。背の高い先輩が背の低い後輩に本を取ってあげるように促す。
●書籍は、自己中心的観点の子供が世界に視野を伸ばすきっかけとなる大切なものである。だから図書室では、四～一八歳までの世界の子供たちを紹介する資料を置く。たとえば、世界の子供の画像、背の高さを示すものなど。そこから子供たちを書籍へ向かわせる。

他にも、職員室は洗練したオフィスデザインを提案した。なぜなら子供にとって先生は成熟した大人の代表的存在である。そんな大人に相応しい空間を意図的に作るべきだとしたのである。

また教室のエリアは、規律を象徴する空間とした。直線的、機能的な空間になるが、あくまで子供向けであるため、無垢の木材を部分的に使用するなど遊び心があってもいい。さらに教室の廊下は、間に二つの柱があるため通行しにくい。それを逆手に取った。狭いからこそ、譲り合いの精神を醸成する場にすべきだ、と主張したのである。

ついでに柱は鏡張りにして、汚れやすくする。四～九歳の子供は背が低いし、鏡にも触るだろう。逆に一〇～一八歳の子供はそれほど触らないだろう。すると、鏡の下の方が汚れることになる。成長した子供は、自分の成長を実感できるかもしれない。さらに右側通行も徹底する。これらにより、まさに規律を象徴したエリアにすることが可能だ。

この提案は、若き校長を喜ばせた。ただし、「僕もアメリカで日本人のクラスメートと何年も一緒だったから日本のことは良く分かる。我々も日本の教育から学ばなくてはならない」と日本の教育理念だとカン違いされた。

3　会社のこと

これまで、商業施設のインテリアデザインの実践を紹介してきた。次に、インテリアデザイン以外でのデザイン思考の実践を紹介したい。デザインの仕事をしていると、会社（企業）というものに対して深く考えるようになる。なぜならクライアントのほとんどが会社経営者だからである。それに加え、優れた会社は「顧客をアンハッピーからハッピーに変える」ことを実践しているように思えたのも、会社について考える動機になった。

利益を追求する企業は利益を追求できない

資本主義社会においては、資本家は資本（利益）の増加を追求する。資本家の代理人である会社の経営者もまた資本（利益）の増加を追求し、実際に増加させなくてはならない（中国においては資本主義国家以上にその傾向があるようだ）。

しかし筆者の見立てでは、一〜二年でつぶす予定でない限り、「利益を追求する企業は利益を追求できない」。この矛盾する言葉は、デザインの仕事を始めてから「会社とはなんだろう」と考え始め、その結論として筆者が勝手に考案した言葉である。

ゴーイングコンサーン（継続企業の前提）という言葉がある。継続していくことこそが企業の前提であり、責任であるという概念である。顧客は、継続することを前提にする企業でなければ安心してモノやサービスを買えない。その企業に投資する投資家にとっても、従業員にとっても、継続することを前提にする企業でなければ安心できない。

現在、日本でもゴーイングコンサーンでない企業（一〜二年でつぶす予定の企業）は、まともな企業ではないと認識されている。

そしてまともな企業であることを前提とした場合、「利益を追求する企業は利益を追求できない」と筆者は考えるのだ。なぜか。

顧客が企業に求めるものがそこにないためである。顧客への貢献（いわば顧客の幸せ）を追求する企業こそ、利益を追求できる。顧客に貢献すれば、顧客は我々に利益をもたらしてくれるからだ。こう言い換えることもできる。顧客はその企業を存続させるために、彼らに利益をもたらす。なぜなら顧客は、自分に貢献してくれる企業がなくなったら困るからである。

だから営利企業として、企業は利益よりも顧客への貢献を追求するべきである。しかし顧客の幸せを追求するためには、貢献し続けるための資金を得る必要がある。加えて、さらなる貢献のための投資資金も必要になる。だからこそ、利益も追求しなければならない。利益の追求は目的でなく手段なのだ。
もうひとつ言えば、社員を幸せにする企業でなければ、顧客に貢献できない。なぜなら幸せじゃない社員が顧客を幸せにできるわけがないからだ。だから営利企業として、企業は社員の幸せを追求するべきだ。そして社員の幸せを追求するためには、彼らに十分な給料と福利厚生を与えなければならない。そのためには利益を追求しなければならないのである。

逆に、企業の目的を常識通り「利益の追求」として考えてみよう。誰が企業に利益をもたらすのか。その場合もやはり顧客である。では、顧客はどうして企業に利益をもたらすのか。企業が顧客に何らかの貢献をするからである。企業に利益をもたらそうと思ってお金を払う顧客はいない。

では、顧客に貢献しないで利益を上げる方法はあるだろうか。あるにはある。顧客をだませばよい。では、顧客をだまし続けながら利益を上げる方法はあるか。それはないだろう。こう考えると、ゴーイングコンサーンを前提とする限り、やはり利益を追求する企業は利益を追求できないのだ。

希望の苗

以上のことを考えたのは、筆者が在籍する会社である「弘佳」の会長とその奥さんの経営者としての態度に、常日頃から感心していたからというのも大きい。中国では、顧客のため、社員のために会社を経営する人は日本以上に少ない。会社のオフィスデザインをするときも、顧客のそれより、社員のそれより、社長室のデザインを重視する人が多い。一方、弘佳の会長と奥さんは違った。筆者たちが新オフィスをデザインした際も、「私の部屋なんて隅っこでいいから」と言うのである。

昆明の街を歩いていると、時にいらだち、絶望的な気持ちになることがある。狭い道を猛スピードで通り過ぎていく車。前に人が歩いていると、平気でクラクションを鳴らしてどかそうとする車。歩いている人もひどい。鼻をかんだちり紙を、平気で道端に捨てるおばあさん。混み合った歩道なのに、急に立ち止まって後ろの人の足を止める人。タンを吐いたり、街路樹のところで子供におしっこさせたりする親……。彼らはどうして周りの人のことを考えないのだろうか。どうしてこれほどまでに自己中心的なのか。

そんなとき、弘佳の会長やその奥さんに会うと心が癒される。彼らは自分のためでなく、顧客や社員のために仕事をしている。そしてその先には、中国全体に対して貢献したいという意志がある。それが企業家としての責任だからと言うのである。魯迅の短編「一件小事（小さな出来事）」ではないが、中国の未来に希望を感じさせる人がいると、勇気づけられる。

そう考えると、企業とは「希望の苗」だと思えてくる。サザンオールスターズの「ピースとハイライト」は日中韓の関係悪化について歌ったものだが、その中に「希望の苗を植えていこうよ」という歌詞が出てくる。これを聴いて、まさに彼らの仕事を指しているようだと思った。いい企業は、人々に「希望の苗を植えていく」ものではないだろうかと思ったのである。

若いころは企業で働くことなど、資本主義の犬に成り下がることだとすら思っていた。しかし現在では、正しい企業は人々に希望をもたらすと考えるようになったのだ。真面目な人ほど割を食う現代の中国社会において、彼らこそ勝たなければならない。弘佳が企業として成功することは、中国社会を良くすることに等しい。そう考えると、弘佳で働くことは、もはや筆者にとって利益のためではなくなってくる。

そんな話をすると、弘佳の会長や奥さんは「経営者は孤独だと言うが、本当にその通り。しかし、会社に君みたいな人がいると励まされる。友達がいる感じです」と言ってくれたが、「その言葉をそっくりお返ししたい」と筆者は思った。そして、彼らがもっと勇気づけられるように、そしてロマンチックな気分になれるように、弘佳のビジョンを作ってみた。筆者自身の勝手な考えで作ったものであり、彼らがどう思うか正直分からなかった。だから「弘佳の将来の方向性について自分なりに考えたので、少し見て欲しい。もしかしたら参考になるかもしれないから」と断ってから見せた。

以下のようなストーリーである。デザインを提供する会社として、弘佳はどこに向かっていくべきか。「国際標準」を経営戦略としているが、具体的にどんなイメージで進んでいくべきか。それを考えるためには、まず過去をはるか以前からさかのぼってみる必要がある。

古来、アジアの文化の中心は中国だった。その黄金時代は「唐朝」の時代である。周辺の国々はこぞって中国の文化を学んだ。

一一世紀から一七世紀にかけても同様に中国は文化の中心だった。ただし文化のオリジネーターは常に変化していくものである。一方アジア周辺諸国は、中国の模倣を続けるか、唐時代の文化を大事に保存し続けた。今から考えると、これら周辺諸国はまるで古代中国の文化をハードディスクでバックアップしたような存在である。

一八世紀から一九世紀になると中国は欧米諸国からの攻撃に遭い、文化が停滞するようになった。当時、中国の文化を洗練させたのは日本だった。日本の文化は西洋に影響を与えた。

二〇世紀に入ると、中国では戦争や内乱により文化が破壊された。中国文化は日本のほか、台湾や香港から欧米に伝えられるようになった。

現在、中国大陸では、本来持っていた中国文化が失われている。だから周辺諸国にバックアップされていた自国の良好な文化や自国の洗練された文化を学び直す段階にある。ついでに欧米の洗練された文化も学んでいる状況である。

今後は、周辺諸国から学び直した中国文化を洗練させ、その結果、再びアジアの周辺諸国および欧米諸国がそれを取り入れるようになっていくだろう。エルメスやBMWなど賢いヨーロッパの企業は、すでにグローバルな中国ブランドを立ち上げている。

そして弘佳もグローバルな中国ブランドとなって、このムーブメントを後押しするべきだ――。そのようなビジョンを語ったのである。

パワーポイントで説明してきたのだが、エルメスやBMWの画像の次に会長の写真を浮かび上がらせると、奥さんが「わぁ！」と言った。照れ笑いしながら会長も喜んだ。筆者は「これは夢物語ではありません。私は実現できると信じています」と言うと、二人は「私たちもですよ。絶対実現できる。難しくないよ」と答えた。「一〇年以内に……」と筆者が続けると、「いや五年以内に実現できる」と会長が言うので、みんなで大笑いした。

企業にはビジョンが欠かせない。具体的でなくても、「明確なゴールの姿」を思い描ければ（物語として語れれば）、経営者はゴールへの意思が確固としたものになり、社員への呼びかけも力強いものになる。そんな企業こそ、強い企業だと言えるのではないだろうか。

4　社会的なこと

最後に、社会的なことについての実践も少しだけ紹介しておきたい。とはいっても、筆者の身の周りの話である。

日本語科学生のモチベーション低下

筆者は雲南大学で日本語を教えているが、この数年、日本語科学生のモチベーションが下がり続けているのが気がかりだった。これまでは、日本語科の学生には学習の動機になるものがそれなりにあった。しかし、最近はそういったものがめっきり減少しているのである。

かつて上海に留学していたから知っているが、一九九〇年代において中国の日本語科学生の主要なモチベーションは日本の経済力にあった。就職に有利だったし、日本経済の強みについて学びたい学生が沢山いたのである。二〇〇〇年代に入るとアニメ、マンガが注目され、それがモチベーションにつながった。ところが二〇一〇年代に入ると、経済もアニメもパッとしなくなってきた。むしろ韓国のKポップや韓流ドラマのほうが新しく、クールだと思われている。

そんな状況に加えて「反日」である。日本語科の学生は、売国奴と言われたり、親に「お願いだから日本語科だけには行かないでくれ」と言われたりするのである。しかも就職もかつてほど有利ではなくなっている。雲南省では日本語人材を必要とする日系企業自体、数えるほどしかない。

こんな状況なのにもかかわらず、雲南大学の日本語科に入る学生は減少していない。なぜなら雲南大学では、入学時の成績が高い人は好きな学科に入れるが、それほど成績が良くない学生は、人気のない学科に回されるからである。二〇〇九年当時は希望に反して日本語科に入った学生は数人程度だったが、二〇一二年以降は半数を超えてしまった。彼らは本来、経済や法律、英語などを学びたいと考えていた学生である。

そんな状況の中で、どうやって学生のモチベーションを上げられるのか。筆者は、彼らの一〇年後の姿を想像した。一〇年後の彼らが幸せな顔をしているビジョンを思い描いたのである。彼らが幸せなのは、それなりの給料をもらい、それなりに好きな仕事ができているからだろう。では、そんな将来になるために彼らは何をすればいいのか。

今後中国でますます必要とされるイノベーティブな人材になればいい。他人の模倣でなく、独自の発想、または独りよがりでない思考力。そうなるためのスキルを学生時代の今、大いに学べばいい。この仮説から筆者は、学生にこう訴えるようにした。日本語を学ぶのは手段であって目的ではない。日本語を学ぶ目的は「他国の文化を学ぶことを通じて、相対的な観点を身に付けること」にある。相対的な観点を身に付ければ、自国の文化を客観的に見ることができる。すると、他の人ができない発想ができるようになるはずだ。

ここでホテルインテリアデザイナーの深津さんが雲南大学で講演したときの話が活きてくる（第Ⅱ部を参照）。中国人は「金色」が好き。日本人は「銀色」が好き。その矛盾の中で、日本人デザイナーは中国人クライアントに何を提案すべきか。優れたデザイナーなら、第三の道を選ぶ。つまり両者が共に納得する色、たとえば「シャンペン色」を提案する――。そんな観点を学ぶことが日本語を勉強する目的なのだと、筆者は学生に強調した。

学生たちに言う。たとえば君が将来、カップラーメンの会社に就職したとしよう。カップラーメンで有名な中国の会社に「康師傅」や「統一」がある。君は「康師傅」に入社した。会社で働くようになれば分かるが、一つの集団にいると、社員はみんな同じ発想になりがちである。ある問題に対して、誰もが「A」と考えている。一方「統一」でも、誰もが「B」と考えている。その中で君は、「康師傅」と「統一」の社員の中で一人だけ「C」と考えることができる。そんな君を、経営者はどう思うだろうか。きっと「逸材だ!」と思うはずだ。

それに――。筆者は続けてパワーポイントを立ち上げる。開いたのは、弘佳の会長と奥さんに見せた先述の「ビジョン」である。君たちは、中国の洗練された文化を世界に発信していくべきだ。今は周辺諸国にバックアップされている過去の中国文化を学ぶ段階。つまり日本の文化を学ぶ段階にある。しかし今後はそれを洗練化させ、世界に発信させるべきだ。自国の文化の発展のために、ぜひ日本文化と、基本となる日本語をしっかり学んでほしい。

たとえば「道(dao)」という中国語がある。広義的で形而上学的な言葉だ。一方、日本語の「道(dou, michi)」はもっと小さな概念であり、実利的である。これは中国の文化を矮小化したと言えるが、一方では洗練化したとも言えるかもしれない。「茶道」は中国にも日本にもあるが、「ラーメン道」、「マンガ道」などは、中国人から見れば苦笑ものだろう。

どうして日本ではラーメンやマンガなどに「道」を付ける人がいるのか。おそらく、日本の中国文化の受容と関係がある。古代の日本を想像してほしい。中国から器が伝わったとしよう。それを見た日本人はどう思ったか。「すごい！　美しい！」と思ったはずである。次に「どうやって作ったのだろう？　彼らの美意識はどこから？」と考えたはずである。その答えは、当時先生がいなかったため、自分で考えるしかなかった。それについて追求していくと、次第に抽象化され、洗練化されていく。日本人は、そんな思考態度が身に付いていたのではないか。

日本では学ぶべき師匠が存在しなかったことから、自分自身で追及するしかなかった。そして自分の弟子に対しても「盗んで覚えよ」と言った——。そのような態度で追及すると、やがて物事の本質が見えるようになる。それはラーメンだけの本質ではない。全ての本質である。それに気づいた人々が、それを「道」と名付けるようになったのではないか。

ちなみに「荘子・秋水」に「井の中の蛙、大海を知らず」という言葉が出てくる。荘子の言葉はこれだけだが、日本ではその後ろに「されど、空の青さを知る」という言葉を付け足した人がいる。要するに「全ての道はローマに通ず」という意味だ。ラーメンにせよ、マンガにせよ、その専門を極めれば、最終的には人生の本質を知ることができるということだ。

そう考えると、日本人は中国語の「道（dao）」という概念を、日本人なりに普遍化、洗練化したのだとも捉えられる。そのようなものを日本文化の中から見出し、再度中国文化として洗練させていくのが、中国の将来を担う君たちの役割ではないだろうか——。そう言ってから、ＮＨＫ番組「プロフェッショナル　仕事の流儀」を見せた。てんぷらを極めた職人、早乙女哲哉氏の回である。ちっぽけな世界に思えるてんぷらを徹底的に追求した結果、てんぷらをこれ以上ないほどの味に高めた職人の話である。

いずれもこじつけではある。しかしこれを聞いた日本語を勉強したくない学生の中には「仕方ないな、やってやるか」と思ってくれる人も少なくなかった。どんな屁理屈であれ、それによって日本語を勉強してくれる人がいれば筆者の勝ちである。

中国に進出する日本企業について

中国市場では、日本企業の苦戦が伝えられている。「反日」の影響も大きいだろうが、それ以外にも問題があるような気がする。成都のイトーヨーカ堂も「反日」による影響があったが、それでも地元の人々に愛され続けている。地元の人に何が貢献できるかを常に考えてきたからだろう。苦戦する日本企業には、そのような観点がやや薄い気がする。

では、今後日本企業は、中国市場で何が貢献できるだろうか。まず、二〇年後、三〇年後に人々が幸せになっている姿を想像してみよう。おそらくその頃には、先端技術や欧米的カルチャーを享受しながら、中国的な文化や伝統もスタイリッシュに構築されている。そして環境や格差といった、現在問題になっていることについても、かなり改善されている。

そのような明るい未来にするために、日本企業に何ができるかを考えるべきだ。

日本企業の強みはなんだろうか。一つ目は、細かいものが作れる。職人文化があることから、結果的に先端技術が進んでいる。二つ目は、相対的に伝統を保持している。三つ目は、仕事にまじめである。

一方、日本企業の弱みはなにか。一つ目は、国内市場がシュリンクし、活性化不足に陥っている。二つ目は、急激な変化に弱い。三つ目は、外来文化を日本的に吸収しすぎてしまい、普遍性が足りない（ガラパゴス化しやすい）。

このような状況を踏まえ、日本企業が中国の人々に貢献できることはいくつか考えられる。環境汚染を解決する方法を提供したり、低価格でも充実した生活を送れるような製品を作ったり、社員のレベルを上げる指導をしたりなどである。しかしここでは、筆者なりのデザイン思考によるアイデアを述べたい。

まず日本企業は、前述の「弘佳のビジョン」のように、日本文化を中国文化の洗練されたものとして認識するべきである。日本文化を日本独自の文化と考えると、ガラパゴス化しがちである。日本文化の源流は中国にある。良好な中国文化を保存し、洗練させた結果が日本文化であると考えるのだ。

そして日本企業は、日本文化を中国文化にカスタマイズしつつ、高度に洗練された製品を作る。伝統を踏まえた新しい中国文化を、日本企業が提案し続けるのである。確かに現在は、欧米風のカルチャーが中国市場で受けている。しかし今後は違う。洗練された中国文化こそ、今後の中国市場が求めるものである。このコンセプトならば、ライバルである欧米企業より強みが活かされ、長期に渡って中国市場をリードし続けることができるだろう。

日本の製造業の将来について

本書の第一章で筆者は、リクルート社による製造業の将来についてのアンケートを紹介した。その結果は、日本の製造業は今後ますますシュリンクしていくというものだった。「ではどうすればいいのか」という問いに対する答えを、ここで述べてみたい。一〇〜二〇年後に世界の人々がハッピーになっている姿を想像してみた結果である。

それは、前項の話と同様に、「日本文化を日本文化としてではなく、アジアの文化を洗練させたもの」と捉えなおしてから製品を作るのを心がけることである。重ねて言うが、日本文化を日本文化として捉えていると、独りよがりのものになりやすいのである。

今後の世界を想像してみる。グローバル化が進めば進むほど世界は画一化していくだろうし、異文化同士のコミュニケーションもしやすくなるだろうが、それと同時に人々の気持ちの中には、画一化されていくことの恐れが芽生えていくはずである。なぜなら画一化された世界はとてもつまらない世界だからだ。欧米主導によって進む画一化された世界は、欧米の人ですら居心地の良くない世界だろう。

「アジアの文化を洗練させたもの」は、東アジアの人々だけが望んでいるのではない。欧米の人も、中東の人も、東南アジアの人も、アフリカの人も待ち望んでいる。各地域が各地域なりの文化を発信し、影響し合って新しいものが生み出されることこそ、望ましい世界の姿ではないだろうか。

だからこそ、「アジアの文化を洗練させたもの」を作ることを日本企業が目指し、実際に作る。そしてそれを手本に、他の国の人々も彼らの地域文化を洗練させた製品を作っていく。そのような流れになれば、世界はきっと今よりもっとハッピーになるはずだ。そんなビジョンの日本企業が増えれば、ガラパゴス化に陥ることなく魅力的な製品を生み出し続けられるのではないだろうか。

第Ⅱ部　実録・ド素人が「デザイン思考」を身に付けるまで

第四章　上海

ここでは、筆者が実際にデザイナーたちと出会い、デザイン思考を理解していくまでの流れを物語風に書き留めておくことにしたい。読者が筆者の経験を「疑似体験」することで、筆者が言うところの「デザイン思考」をより明確に理解してもらうことができるかもしれないと思うからである。

昆明に渡る

二〇〇九年八月、筆者は雲南大学に職を得て昆明に向かった。当時のことを、ある雑誌に書き留めている。少し長いが引用しよう。

「東京でくすぶっているくらいなら、どうだ。こっちに来てみないか。仕事なら探しておいてやる」

今年の春、長年懇意にしてきた昆明に住む年配の中国人が東京に来たときにそう言った。私は二つ返事で話に乗った。そこがいまどんな状況にあるのかを知っていたからである。

昆明は雲南省の省都であると同時に、省内にある西双版納（シーサンバンナ）や大理（ダーリ）、麗江（リージャン）、香格里拉（シャングリラ）といった観光地の中継地でもある。またヴェトナム、ミャンマー、ラオスに隣接しているため、東南アジアとの貿易の要衝としても重要な役割を担っている。それに加えて、沿海地方との所得格差を是正するために二〇〇〇年から始まった「西部大開発」という中央政府のテコ入れが、昆明をここ数年のうちに近代的な大都市へと変身させていた。

実際に来てみると想像以上だった。政府による都市開発は不動産価格の高騰につながり、それが人口流入を加速させた。また他地域の富裕層も投資対象、あるいは自らの別荘として昆明の不動産を買い始めた。これが好循環し、今後も当分続きそうな勢いである。

中国の公共事業は日本の箱物行政とは異なり、まだまだやるべきことが多い。鉄道や道路、ライフラインなど、とりわけ地方都市では整備すべきものが多く残されている。これらは投資すれば経済効率があがるものであるだけに、たとえ贈賄などの無駄遣いはあったとしても、リーズナブルな投資だといえるだろう。

このような光景には既視感がある。一五年前の上海だ。そこに住んでいた当時、まだ今日のような摩天楼はなかった。ただ、貧しくても明日を夢見て活き活きと働く人々の姿がいまでも目に焼きついている。

昆明はにわか成金が増え、彼らは大きなマンションに住み、高級セダンを乗り回すようになった。昆明が上海のようになる日も遠くないかもしれない。私もまた、おこぼれを預かりにここにやってきたというわけだ……。（「中国地方都市の〝上海化〟と硬派音楽」『ミュージック・マガジン』、ミュージック・マガジン社、二〇一〇年一月）

筆者が昆明に来た目的は、大学の教師をするためではなかった。ここで何らかのビジネスをしたいと考えていたのである。上記記事に書いてある通り、昆明は一五年前の上海に似ていた。「上海で起こったことは、昆明でも起こる」と仮定すれば、ソフトバンクの孫正義氏よろしく「タイムマシン経営」が可能だ。昆明の未来が分かるなら、オレですらなんとかなるかも。そう思ったのである。

ただし、どんなビジネスをするかはノープランだった。しばらく昆明を観察し、探ってから決めようと思っていた。また中国という国でビジネスをするためには、タイミングや出会いも肝心である。それでうまくやっている人々を、上海でたくさん見てきたのである。だからしばらくは様子見——。

そんないい加減な態度でやっていたら、たいてい失敗に終わるものだ。にもかかわらず、転機はすぐに訪れた。

二〇〇九年九月、知り合ったばかりの同僚、雲南大学のＭＢＡコースで教えているマイケル・チャン教授が、「日本語を話せる中国人の友人がいるから紹介する」と言う。

待ち合わせ場所に行ってみると、ピシッとしたスーツを着た若者が立っていた。まだ二〇代の青年は、王波（ワン・ボー）といった。短髪だが、鶏のトサカみたいに上部の髪を長めにしており、いまどきの雰囲気がある。日本語がペラペラなのは、日本に留学していたからだった。「僕は若いころチンピラみたいな生活をしていたけど、日本に留学して初めて人生の意味を知った。日本には本当に感謝していますよ」と話す。

「日本ではみんな仕事が人生の目的になっているね。そこが中国と大きく違うところです。当時、留学先の大学教授の紹介で、青山の喫茶店でアルバイトをしましたけど、そこの先輩がとても厳しかった。だけど仕事を丁寧に教えてくれたんです。辛いこともあったけど、お客さんに褒められたりすると嬉しかった。アルバイトをまじめにやって、働くことの素晴らしさを知りました」。

昆明のデザイン施工会社「佳園装飾」で働いているという。どうして日本ではなく中国で働くことにしたのかと尋ねると、「日本でも数年働いたけど、日本の会社だと外国人は上には行けないでしょう？　やっぱり中国は自分の国だし、チャンスが多い。日本は不景気だよね。去年、高校時代の先輩にこっちで働かないかと誘われたので、思い切って中国に戻ることにしました」と答えた。

昨年から働き始め、今では営業部のチームリーダーを務める王波は、部下に日本人の仕事に対する姿勢を伝えたい、だから今度会社に来て話をして欲しいと言った。

デザイン施工会社に関わる

中国ではインテリア専門の設計施工会社が多い。中国のマンションは、「スケルトン販売」が基本である。スケルトンとは、内装なしの状態のことを指す。つまり内装はマンション価格に含まれず、買主が自分で手配しなければならないのだ。そのため、住宅内装業者が無数に存在することになった。買主は懐具合に応じて業者を選び、依頼する。後に知ったことだが、「佳園装飾」は昆明の数ある住宅内装業者の中で一、二を争う大手だった。

立派な門構えの「佳園装飾」に入ると、王波が笑顔で出迎えた。すぐに部下を集め、私のレクチャーが始まった。確か社会人のマナーについて話したと思う。王波が「内容は適当でいいですから」と言っていたので、大した話もしなかったのだが、部下たちはニコニコしながら聞いていた。

レクチャーが終わるや、王波は上司を紹介したいと言った。部長室から出てきたのは、ピエール瀧みたいな顔をした梁（リャン）部長だった。恰幅がよく、自信満々の風情から四〇代かなと思っていたら、三〇歳になったばかりだと言う。

挨拶を済ませた後、三人で色々と話をした。「佳園装飾」が顧客からの評価が高いのは、営業力と施工レベルの高さにあるそうだ。日本の施工管理手法を取り入れたことで品質が格段にアップしたと言う。

「日本語ができる王波もこの会社に入ったことだし、次のステップとして日本のデザインも取り入れたい」と梁部長は言った。

続いて王波が、「日本人のデザイナー、誰か知りませんか？」と筆者に尋ねた。

「ちょっとした知り合いなら、いますよ」と筆者は答えた。

深津泰彦さんとの出会い

王波との出会いからさかのぼること数週間前。コンサルタントを担当している前職の同僚から国際電話がかかってきた。

「今中国にいるんでしょう？　来週、オレのお客さんも中国に行くそうなんだ。初めてらしいから、夜の案内でもしてあげてよ」。

「場所はどこですか」と尋ねると、「上海だよ」と答えた。昆明から上海に行くのに飛行機でも三時間はかかる。後で同僚に聞くと「東京と千葉ぐらいの距離だと思ってた」と笑っていたが、当時の筆者にしてみれば、世話になった同僚の話を断るわけにはいかなかった。

さっそく飛行機の手配をし、上海に飛んだ。

上海の夜は、昆明よりずっと華やかだ。かつて留学し、その後も数え切れないほど訪れてきた上海は、筆者にとっては思い出深い街であり、目をつむってでも歩ける自負がある。とはいえ、昆明からやって来ると、上海はこれまで以上にまぶしく感じられた。

待ち合わせ場所は日式（日本風）カラオケクラブだった。日系企業の上海接待には欠かせない娯楽施設。広いカラオケルームのテーブルには酒が並び、そこで女の子をはべらす。女の子の話すカタコトの日本語は、日本から出張してきた人にとってはエキゾチックで新鮮だ。これを楽しみに上海に向かう出張族も少なくない。

部屋に入ると、場はすでに盛り上がっていた。同僚の言う「お客さん」とは、パチンコ店チェーンの御曹司だった。店舗のリニューアルに使う内装材料を上海の工場で作らせているため、その品質チェックのためにやって来たのだという。

御曹司の他にも何人かがカラオケルームの中にいた。日系建材商社の人、通訳、運転手、そしてインテリアデザイナーの深津泰彦さんだった。

名刺交換をすると、深津さんは「へー、昆明か。面白いところに住んでるね」とニコニコしながら話しかけてきた。深津さんはホテルのインテリアデザインが専門だ。御曹司は以前から深津さんのファンで、パチンコ店の内装デザインをぜひやってほしいと頼んできたそうだ。

覚えたてらしい中国語と流暢な英語のチャンポンで女の子と話している深津さんを見て、「英語がお上手ですね」と言うと、「まあ、海外で長く仕事していたからね」と答えた。すると日系建材商社の人が、「深津さんは、色々な国でホテルのデザインをしてきましたから」と言った。さらに酒の入った通訳の人が「深津先生は、スゴイよ！　ねぇ深津先生」と話に加わった。深津さんは「おべんちゃらはいいよ！」と言ってから、筆者に向かって「彼は内装材料を作る工場の通訳なんだよ。オレは彼のお得意さんだから」と言った。

インテリアデザイナーという職業の人と話すのが初めてだった筆者もまた、深津さんに興味津々だった。少年のような振る舞いに、魅力的なオーラを感じた。

「昆明か。ホテルの仕事があったら、ぜひ紹介してよ！」と、深津さんが帰りがけに笑って言った。

深津さんを昆明に呼ぶ

「ホテルのインテリアデザイナーだったら知ってるよ」

王波に言うと、「どんな人？　名前は？」と聞くので、「深津泰彦さん。世界中で仕事している国際デザイナーだよ」と答えた。

梁部長が言った。「ホテルか。それもいいじゃないか。ウチは住宅の仕事が専門だけど、これからは商業デザインもやらないとね。よし！　彼を呼ぼう！」

「ちょっと待ってください。深津さんは忙しい人ですよ。突然『来い』と言って、来るわけないでしょう？　そもそも私だって知り合ったばかりだし」

「デザインの仕事があると言えばいい。昆明のホテルの知り合いなんてたくさんいるから、仕事はすぐに見つかる」と梁部長がタバコに火を付けながら言う。

「仕事があると言ったって、すぐにお金がもらえるわけじゃないでしょう？　よく知らない人からそんなこと言われたって……。ましてや相手は東京にいるんですよ」と筆者は顔をしかめた。

「お金の前に、まず友達になること。中国ではそれが大切だよ。とにかく来てもらうことが大事。なんとか説得してよ」と王波が無理を言う。

「ダメだと思うけど……。もしホテルの仕事の話が来たら、一応問い合わせてみますよ」と筆者は答えた。

「ホテルじゃなくても、日本の材料を輸入したり、デザインの指導をしてもらったり、提携できることはたくさんある。とにかく呼んでほしい」と梁部長が念を押した。

それから数日経ち、王波から電話がかかって来た。

「ホテルの仕事は見つかってないけど、深津さんに連絡してもらえませんか」。

「ええ？　ホテルのお客さんを探してからって言ってたでしょう？」

「深津さんの資料がないからさ、営業するのが難しい。とにかく『うちの会社が深津さんに興味があるから来てほしい』って言ってくれないですか？」

「うーん。じゃあ、ダメ元で聞いてみるよ」

深津さんに国際電話をかけた。しどろもどろで説明すると、「ちょうど今度、成都に出張するから、その時に行きますよ」とあっさり承諾してくれた。

深津先生、きたる

「すみません。お忙しいのにわざわざ来ていただいて」。

二〇〇九年一〇月、昆明空港。大きなシルバーのトランクを車に積め込みながら言うと、深津さんは「いえいえ。まずは訪問して、お互いを知るのが大事だと思ってますから」と笑顔で答えた。「こっちの会社の人たちも、同じことを言っていました」と驚きながら言うと、「オレも中国でいくつか仕事してきたから、何となくコチラのやり方が分かるんだよ」と微笑んだ。

深津さんを車に乗せて「佳園装飾」に向かった。会社内部を見学した後、「佳園装飾」の会長（代表取締役社長）も交えて夕食をとった。

レストランは、会社からほど近い場所にある「キノコ鍋屋」だ。雲南省はキノコがよく採れる。だから、昆明では夏場から秋にかけてキノコ鍋を食べることが風物詩になっている。そして、雲南省は松茸の産地でもある。鍋に松茸をどっさり入れたら、深津さんは喜んでくれるに違い。だから「食事はキノコ鍋で」と、あらかじめ王波に頼んでおいたのだった。

「うわぁ、贅沢だね！」

ウエイトレスが松茸を鍋一杯に放り込む光景を見て、深津さんは言った。キノコ鍋は鶏ガラベースだから日本人の口に合う。一口食べた深津さんは「あ、これはうまい！　日本でも売れるよ！」と驚きの声をあげた。

なごやかな雰囲気の中で本題に入った。それは、先日に梁部長、王波が筆者に話したような内容だった。

王波が日本語で説明する。「昆明はチャンスがいっぱいね。中国政府が取り組んでいる『西部大開発』があるし、今後は東南アジアの懸け橋になっていきます。だから、新しいホテルもいっぱいできるよ。お客さんは、僕らがんばって探してくるから、ぜひ一緒に仕事しましょう」。

そんなやや胡散臭い勧誘文句にもかかわらず深津さんは、「それはいいね。ぜひよろしく」と笑顔で答えた。

その言葉を聞いた王波も「深津さんと一緒に仕事すれば、施工を受注しやすくなるだけでなく、僕らの会社のブランドもアップするし、それにデザイナーたちの勉強にもなりますから、ぜひよろしくお願いしますね」と喜んだ。

それ以外にも、日本の進んだ材料があれば「佳園装飾」が代理店になって売りたいから、ぜひいい商品を紹介してほしいと、梁部長が深津さんに頼んだ。

「ああ、じゃあ上海に駐在している日本の材料会社に頼んでみるよ」と深津さんは答えた。上海の日式カラオケクラブにいた人だ。

傍らで座っていた会長は、微笑みながらやり取りを聞いていた。終始なごやかな雰囲気のまま、会食が進んでいった。

長い夕食が済み、深津さんが泊まる予定のホテルに車で移動中、梁部長が深津さんに話しかけた。

「本当はホテルのお客さんを紹介したかったんですが、見つかりませんでした。すみません。でも、あるホテルが改修予定だという情報を掴みました。ここにぜひ営業してみたい。だから、そのホテルを見てもらいたいんですが」

深津さんは「もちろん。行きましょう」と二つ返事で答えた。

そのホテルは、昆明の中心街「南屏街」の、そのさらにど真ん中にある四つ星ホテル「新紀元大酒店」だった。

我々はホテルの外観を眺めた後、ロビー、エレベータホール、廊下、宴会場などを簡単に見て回った。深津さんは所々でスケッチブックを取り出し、絵を描いていた。スケッチを描く素早さとうまさに、我々は感嘆の声を挙げた。

その後も「なるほど、なるほど」などとつぶやきながらホテル内を回っていた深津さんは、ほどなく「分かりました。OKです」と言って、「じゃあ、今度提案書を送りますよ」と筆者に顔を向けた。

「え？　提案書を作ってくれるんですか」と筆者が言うと、「まあ、初期提案ですよ」と深津さんは答えた。

「ちょっと見ただけで、提案書って作れるんですね」と筆者が驚きを交えて言うと、「ホテルのデザインって利益を出すことが目的だからさ、立地とか規模とかを踏まえて考えれば、だいたいイメージが湧いてくるんだよ」と言った。

ホテルデザインの流れ

話の続きを聞きたかった筆者は、深津さんを酒に誘った。

南屏街からタクシーで一五分ぐらいのところにある文林街は、雲南大学がそばにあるためか、文化の雰囲気が漂う。また外国人経営のカフェなどがあることから、夜も若者や観光客で賑わっている。

通称「洋人街」（外国人街）と呼ばれる、バーが数多く並んでいる通りだ。音楽をガンガン流すバーもあるが、ゆったりと酒を楽しませるバーもある。その中から静かなオープンカフェを選び、空いているデッキチェアに腰かけた。

「へー、こんなところがあるんだ。風が気持ちいいし、天気もちょうどいいね、昆明は」と深津さんは言った。

「今日は遠いところへわざわざお越しいただいて、ありがとうございます。深津さんがデザインした昆明のホテルができたら、本当に夢のようです。その時は、ぜひ私もお手伝いしたいです」。

深津さんは「いや、やはり日本人がいてくれないとオレも不安ですよ。ぜひ一緒にがんばりましょう」と言ってから、「中国の仕事は結構難しいんだよ。意見をコロコロ変えたり、お金を払ってくれなかったり。急いでもないのに『急げ急げ』と言われたりね。だから、日本人が間に入ってコントロールしてくれると、本当に助かるし、信頼もできるから」と説明した。

「私もこの業界のことド素人だし、うまくできるかどうか分からないですが、とても面白そうな仕事で、できる限りがんばります。ところで、ホテルのデザインの仕事って、どういう流れになりますか？」

「ああ、それはね……」と言って、深津さんは大きなカバンからノートパソコンを取り出し、ＰＤＦ資料を開いた。

資料を使いながら説明してくれたのは、以下のような流れだった。

ホテルデザインの仕事は、大きく次の四つに分けることができる。

1　基本構想（コンセプト）
2　基本設計
3　深化設計
4　（設計費に含まれないものとして）施工管理

1　基本構想（コンセプト）は、「コンセプトとゾーニング」と「イメージ、スケッチ」に分けられる。「コンセプトとゾーニング」でクライアントからの同意が得られた後、「イメージ、スケッチ」へと移行するのが理想だ。「イメージ」には、CGパース数枚が含まれる。CGパースとは、パソコンで描いた立体的な想像図のことである。

2　基本設計は、「設計図」と「CGパース」、「カラースキーム」、「FF&E資料」の四つから構成される。設計図は、CAD平面図や天井伏図、デザインスケッチなどを指す。CGパースは、基本構想で使用したもの以外の主要部分を作る。カラースキームとは、大き目のボードに、使用する本物の材料を貼り付けたもので、色合いを確認するためにある。FF&Eとは家具や設備類のことで、どのような家具を使うかなどについて、レイアウトやイメージで説明したものである。

3　深化設計は、施工業者に対する指示書である。「指示用図面／スケッチ」、「仕上げ仕様書」、「FF&E仕様書」から成る。

4　施工管理は、施工のフォローを指す。現場ではしばしば設計通りに作れない場合がある。

デザイナーと施工業者が話し合うことでそれを調整することができる。またＦＦ＆Ｅの出来具合をチェックしたりする。

「なるほど、とにかくまずはコンセプトを提案するわけですね」。

「うん。コンセプトを作るときは、立地や設備、規模、費用対効果を勘案して、ターゲット（目標宿泊客）を絞り込む。そしてターゲット宿泊客をより多く、より高い値段で呼ぶためにどうしたらいいのかをデザインを通じて提案するんだ」。

「デザインって、ビジネスみたいですね」と、筆者は言った。すると深津さんは、

「ホテルデザインは基本、ビジネスだよ。オレが目指しているのは『儲かるデザイン』だ」。

「デザイナーって、もっと芸術家というか、一般人には理解できないものを作るというイメージがありました」。

「まあ、そういうのも悪くないと思うけど……。実はオレも大学時代は油絵科でね」。

そう言って深津さんは「中国のビールは味が薄いよね」といって飲み干した。

「大学時代、ニューヨークに遊びに行ったんだけど、その時に泊まったホテルがかっこよくてね。有名なインテリアデザイナーが作ったんだよ。そして自分もこんな仕事をしてみたいと思うようになった。そして専攻をインテリアデザインに鞍替えしたんだ」。

「ああ、だからスケッチがあんなに上手なんですね」と言うと、

「デザイナーにとってスケッチは重要だ。お客さんの要望を聞いているとき、ササッとそれをスケッ

チで示してあげると、話が一気に進むからね。ビジネスはスピードが大切だよ」。

「やっぱり深津さんはビジネスマンみたいですね」と皮肉でなく敬意を込めて言った。

「だけどね、ビジネスマンにはできないこともある。ホテルデザインで大切なことがもうひとつあるんだ。それは『空気感』を作ること」。

「空気感？」

「説明するのが難しいんだけどね。たとえば、お気に入りの喫茶店はある？」

「まあ、ありますね」。

「なんでその喫茶店を気に入ってるの？」

「うーん」。

「説明しにくいでしょう？　でも君は確実にその雰囲気を気に入っている」。

「はい」。

「それが空気感だ」。

「はあ、何となくわかるような気がします」。

「ハハハ。お客さんに理解してもらうのにいつも困っていてね。特に中国のお客さん！　とにかく、その空気感を作るのが、我々の仕事なんだよ」。

「へー……」。

「あとね、オレはいつも『究極のバランス感覚』って言っているんだけど、ホテルっていろんなお客さんが利用するだろう？　下手に尖がったデザインをすると、不快に思うお客さんだって少なくない。でも地味すぎても面白味がない。誰が見ても心地よい空間を作ることがとても大事だね」。

「なるほど。よく分からないですけど、今後少しずつ勉強していきます」と言って深津さんにビールを注いだ。

翌日、昆明空港。見送りに来た筆者と王波は、感謝の言葉を述べた。深津さんは「もっとゆっくりしたかったんだけど、上海の家具工場に行って家具をチェックしなくちゃいけなくてね。日本の材料会社の上海支社長には、今夜さっそく伝えておくね」と言って、出発口に向かった。

王波、転職する

その後、深津さんの紹介による日本の材料会社が、昆明まで出張に来てくれた。上海支社の支社長である。

この会社の商品カタログを見てみると、壁材などいくつか昆明で売れそうな材料があった。そのため「佳園装飾」で雲南省の販売代理店をやろうと梁部長と王波は動いたのだが、日本の材料会社の方がイエスと言わなかった。上海支店長が日本本部に打診すると、販売代理は許可しない方針だと言われたのである。そのため、この話は立ち消えになってしまった。

また、その頃にはすでに「新紀元大酒店」の提案書が深津さんから届いていたが、梁部長の営業活動は順調ではなかった。ホテルのトップ層へ営業をかけるとっかかりを見つけられず、放置するしかない状態が続いた。

このように、デザイン仕事に関する大きな動きが何もないまま二〇〇九年の年が暮れようとしていた。

大晦日の夜、王波が一人で過ごしている筆者を気遣って温泉スパに誘ってくれた。昆明市内にある施設で、大小いくつもの露天風呂がある。ただし水着着用だ。「春城」と言われる昆明は、夏は涼しく冬は暖かい。とはいえ、冬の夜の屋外はさすがに肌寒い。それでも利用客はそれなりに多かった。

王波の他にも、彼の奥さんや「佳園装飾」のデザインリーダーである孫（スン）さんが来ていた。昆明孫さんは当時三〇歳になるかならないかの女性で、すでに多くの部下と大口顧客を抱えていた。昆明で働いてから一〇年も経たないうちに、若手デザイナーとしては昆明で一、二を争うほどの存在となっていた。王波は彼女にかわいがられており、立場上は上司と部下の間柄だが、日常では親友のように仲がいい。

デザインの事をよく知らない筆者は、彼女の才能がピンと来なかった。王波も「孫さんはすごく成功しているけど、深津さんに比べたらまだまだだよ。デッサンもうまくないし」などと筆者にささやいた。後に孫さんの真の才能を理解することになるのだが、当時は「そんなものかな」と思うだけだった。「だから深津さんが昆明に住んだら、簡単にトップになれるよ」と王波が付け加えた。

「もうすぐ一二時だよ」と王波の奥さんが叫んだ。

防水の腕時計を見ながら王波がカウントダウンする。

「あけましておめでとう！」と、湯船の中でみんなが叫んだ。

そして王波がしみじみと言った。「昨年は縁があってこうやって知り合うことができました。僕たち、今後もデザインの仕事でがんばっていきましょう」。

「もちろん。今までデザインの仕事ってやったことなかったけど、とても面白い。今年はぜひ深津さんに昆明で仕事してもらうようにがんばろう」と筆者が応えた。

「それから」と王波は言った。「実はオレたち、会社を辞めますよ」。

筆者は驚いた。

「梁さんと違うデザイン会社に移ります。『弘佳装飾』という会社。『佳園』よりも小さな会社だけど、社長がすごいいい人だから」。

「しかし……。会社が換わったなんて言ったら、深津さんもびっくりすると思うよ」。

「まあそうですけど、『佳園』の社長は商業施設のデザインをあまりやりたいと思ってないからさ。『弘佳』の社長は違う。市場動向上、今までは住宅をメインにやってたけど、今後は商業施設の仕事がメインになると考えている。そして梁さんには商業施設部門の部長をやってもらいたいと言っているんですよ」。

「しかし……。孫さんはなんて言ってる?」

「孫さんももうすぐ独立して自分の事務所を作ることになってるよ。彼女、お金持ちのお客さんをたくさん持っているからさ、もう彼女の名前だけで仕事が取れる」。

最初は驚いたが、職場をコロコロ変えるのは中国の流儀なのかなと思いなおした。問題なのは深津さんだ。彼を不安にさせないようにしないといけない。王波の話を聞きながら、深津さんにどう説明すればいいのかを思案していた。

弘佳装飾で働く

一月に入ると、春節に向けて誰もがソワソワし出す。春節休暇は、長い人では一か月、一般的には一〇日間ぐらいの大型休暇だ。春節は旧暦で決まることから、年によって春節の日は異なる。二〇一〇年の春節は二月一四日だった。春節前後の二週間は会社が休みになるため、この年の業務開始は実質二月下旬からである。

そして王波から仕事の連絡が入ったのは三月に入ってからだった。「もう新しい会社に入社しました。仕事の話もあるし、ちょっと遊びに来てよ」。

王波たちが移籍したという弘佳の会社は、様々な会社が入るオフィスビルの八階にあった。千平米以上はあろうかという結構大きなオフィスだが、ほとんどの照明が消されており、人影もまばらだった。

以前の佳園と比べたら、格段とショボイ感じである。

「このオフィスは本社だけど、ほとんどのスタッフは支社にいるよ。そっちのほうがお客さんの集まりやすい場所にあるから」と、受付で筆者を出迎えた王波が説明してくれた。

奥に進むと「公装部」が見えてきた。中国では住宅のインテリアデザインを「家装」、商業施設のインテリアデザインを「公装」と呼ぶ。王波たちは公装部に所属しているのだ。

公装部の部長室に入ると、大きな机に座った梁さんが破顔しながら立ち上がり出迎えた。

「これから忙しくなるよ！　深津さんの仕事を探してきた。君もぜひ協力していただきたい！」

そう言って梁さんは、二つのプロジェクトについて説明した。

一つは、雲南省でも有数の観光地である麗江のプロジェクトで、クライアントとなるデベロッパーが作った巨大な複合施設内にある別荘地のインテリアデザイン。

もう一つは、福建省のアモイ（廈門）での開発地のプランニングである。

梁さんは「ビッグプロジェクトだ」と言ってニヤリとした。

そして「だから深津さんを昆明に呼んで欲しい。早ければ早いほどいい」と言う。

「うーん、ギャラなども含めてもうちょっと詳しく説明してください」と言うと、乗り出して語っていた梁さんは急に椅子に体を沈ませた。そして「詳細は深津さんが来てからクライアントと一緒に話せばいい」と鼻白んだ。

王波が「俺たち弘佳に移って来たばかりだからさ、早く実績を作りたい。そのための武器は深津さんなんですよ。とにかく深津さんを呼ぼうよ」とフォローした。

二人のやる気満々な態度に圧倒された筆者は、深津さんを呼ぶことを彼らに約束した。

クライアントと会う

四月、深津さんが再び昆明にやって来た。上述した二つのプロジェクトの打ち合わせのためである。

深津さんをホテルにチェックインさせると、休憩もそこそこに、まず麗江のプロジェクトのクライアントに会った。弘佳側には深津さんの他、梁さんと王波、筆者が出席した。先方はデベロッパーのトップである会長、すなわちＣＥＯと、その部下数名である。いきなり会社のトップとの交渉は、中国でもなかなかあり得ないことである。その意味で、梁さんの力の大きさを感じさせるものだった。

深津さんはプロジェクトについて会長に質問し、会長は会長でデザイン上の疑問点についてや、複合施設内にあるホテルに関する質問を深津さんにした。深津さんはどんな質問でもよどみなく答え、会長をうならせた。

二時間ほど話が盛り上がった後、会長は「ではみんなで食事でも」と言って、近所の高級レストランへ連れて行ってくれた。

目もくらむような豪華な食事をしながら、我々は様々な話題で盛り上がった。食事が終わると、我々全員に高級なワインやプーアル茶をお土産に持たせた。

車での帰り道、「もう絶対契約できるよ！」と王波が興奮して言った。「そうだね。こんなお土産ももらっちゃって」と深津さんも機嫌がいい。梁さんも「メイク・ビッグ・マネーだ！」と言って大笑いしていた。もちろん筆者も興奮していた。こんな調子でいけば、雲南省で深津さんがデザインした建物がたくさん建つだろう。

夜遅くなったが、深津さんをホテルに送る前に会社に立ち寄った。弘佳の会長が待っていたからだ。

弘佳の会長は曠（クアン）さんと言って、中国では少し珍しい文人タイプの企業家だ。佳園より劣ると言っても、二〇一〇年の時点で弘佳は社員一〇〇人以上を抱える規模に成長していた。一〇年前に会社を興したときは、社員は曠さんと奥さんの二人だけだったそうだ。高度成長期のさなかにあったとはいえ、資本もコネもなく四川省から昆明にやってきて、ここまで会社を大きくしたのだから、並みの才能ではないだろう。それなのにおごることもなく、常に物静かで謙虚なことから、今では業界でも一目置かれる人物となっている。

深津さんと会長があいさつし、梁さんが今日の状況を報告した。曠会長は、すでに梁部長から深津さんのことを聞いていたはずだが、梁部長の一方的な話だけでは信頼しない用心深さがある。しかし、今日の深津さんの活躍ぶりを聞いて曠会長は破顔し、それから、日本のデザイン事情などについて深津さんを質問攻めにした。それらすべてに迷うことなく即答する深津さんを見た曠会長は、すっかり感心したようだった。

「深津さん、実は相談したいことがあるんです」と曠会長が言った。

曠会長は最近投資会社も立ち上げていて、そのプロジェクトのひとつに、雲南省有数の観光地の一つである大理にホテルを作る話があるというのだ。

「大理市政府が、我々に土地を譲渡してくれるというので、ここにホテルを建てようかと思っている。大理は古城が有名だが、このプロジェクトは双廊という、ちょっと僻地にある。ただ双廊は隠れた名所として注目されてきているし、今後高速道路が直通するので、発展が見込める。土地は二つあって共に湖沿いにあり、飛び地みたいになっている」。

曠会長が紙に描いたり、携帯で撮った写真を見せたりしながら物件状況を説明した。

会長の話を黙って聞いていた深津さんは、「じゃあ、ホテルの形はだいたいこんな感じになるんじゃないかな」と言って素早くスケッチした。見る見るリアルなホテルの外観が描かれるのに我々は括目した。

「す、すごい。これが本物のデザイナーなんだ」と、普段物静かな会長が叫んだ。そして「我々が抱えているデザイナーとは大違いだな！」と梁部長のほうを向いて言った。

そんな驚きにも反応することなく深津さんは、「飛び地になっている場所は別館にして、両方とも湖沿いなんだから船で行き来できるようにするのはどうですか？」と言って、別館のデッサンを始めている。

そのデッサンを描き終らないうちに会長は、「このホテル、深津さんに計画してもらいたい」と頼んでいた。そのやりとりを見ていた筆者、そして王波は、まるで我が事のように誇らしかった。

翌日、第二のクライアントに会った。普段はアモイにいるが、出張で昆明に来ていたのだ。昨日のクライアントは四〇代の風情だったが、今日のクライアントは三〇代前半といったところ。アモイでIT会社を経営しており、今回たまたま開発区の一角を政府から得たので、出資者を集ってホテルを作ることにしたという話だった。どうやら中国ではまず土地利権の取得が最も重要で、何を作るかはオマケみたいなようだ。

我々に対する依頼は、ホテルのマスタープラン作りだった。深津さんに任せれば、すべてうまくいく。そんな気持ちになっていたため、我々は大船に乗ったつもりで安心して深津さんとクライアントのやり取りを聞いていた。

「ホテルを作るときは、そこに入るレストランやコンビニ、カフェなどのテナントも重要です。いいテナントが入らないと魅力的なホテルにはならない。日本の商社に知り合いがいるから、そのあたりを打診しておきますよ」などとクライアントに説明する深津さんの話を聞いて、我々も内心では

「へぇー、そうなんだ」と感心しながらも、さも当然といった表情でうなずいていた。

万事順調に打ち合わせが終わり、一か月後ぐらいに提案を作って送る段取りにして、深津さんは再び昆明を発っていった。

国際事業部の発足

梁さんは大きなプランを考えるのが得意な人だ。そしてステークホルダーをその気にさせる話術を持つ。そのかわり、後で分かったことだが、細かいところにはあまり頭が回らないという欠点がある。

いずれにせよ深津さんの活躍を見た我々は、今後の事業に大いに自信を深めた。

深津さんが去って二週間後、我々は会議を開いた。議題は、弘佳内に国際設計事業部を立ち上げる計画についてである。我々は今後のプランを練った。

設立目的は、「弘佳のブランドを世界的なレベルに発展させる」と「先進的な材料、工事技術を導入させる」の二つとなった。

また、当座の目標として梁さんは、「今年中にデザイン案件を八件受注」を挙げた。実務を担当することになる王波はそれを聞いて怯んだが、「もうすでに二件受注できそうになっているだろう？あと六件だけだ。難しくないよ」と梁さんが言う。

「しかし、ホテルのお客さんを探すのは結構難しいですよ」と王波が反論した。実は王波と筆者は、すでに何件かアポなしでホテル営業をしていた。幹部層に面談することがままならないだけでなく、たとえ面談できたとしても何の手応えもつかめなかったのである。

しかし梁さんは、「世の中はできるか、できないかだ。意志があればできるし、意志がなければできない。そうじゃないかい」と諭すように言った。

「王波、できるか?」と梁さんが改めて聞くと、王波は「できる!」と叫んだ。

そして、直近の任務として王波は立ち上げに必要な設備の準備とPR資料の作成をすることになった。筆者は昆明市内のホテルを調べ、深津さんのデザインを必要としていそうな改修予定のホテルをリストアップすることになった。

梁さんは、社内のデザイナーから商業施設をデザインしたい人材を探し、育成する担当となった。

最悪の滑り出し

それから二か月が経過した六月。

我々の努力は全く実っていなかった。麗江とアモイの案件は、すでに深津さんから提案書が届いていた。しかし麗江のクライアントは打ち合わせを当日にドタキャンされ、アモイのクライアントも「忙しい」などと言われ連絡が疎遠になっていた。

苦しまぎれに、以前深津さんが作ってくれた新紀元大酒店の提案書を、ツテを探して幹部に渡したものの、大きな興味を持たれることはなかった。

さらに、王波が主導して作ったPR用のパンフレットもショボく、まったく国際的な感じのしないお粗末なものだった。

筆者が雲南大学の教え子を動員して作った昆明のホテルリストも、営業に使われる気配がなかった。

王波がつぶやく。「やっぱり、俺たちが営業しても説得力ないんだよね。デザインのこともホテルのこともよく分からないから、質問されてもうまく答えられない。深津さんだったら即答できるでしょう？　やっぱりそんな感じじゃないとうまくいかないよ」。

そして王波が出した結論は、「深津さんに昆明に住んでもらう」だった。無謀なアイデアだ。それでも王波は、「いくら出したら住んでくれるかな？」と言ってあきらめない。

王波が続ける。「深津さんは地元のデザイナーより格段にデザイン料が高い。俺たちがいくら『すごいデザイナーですから、国際的デザイナーですから』と言ったって、お客さんからしてみれば、深津さんのことをよく知らないから説得力がない。お客さんが興味を持っても、深津さんにすぐ会えるわけじゃないから興味をすぐなくしちゃう……。だから深津さんを昆明で働くように言ってみてよ。もちろん日本の仕事を昆明でやったっていいよ。梁さんには俺が言いますから」。

深津さんを昆明に住むように説得する自信は筆者には全くなかった。そもそも、深津さんがすでに作ってくれた提案書は三つ。その全てが頓挫しているのが昆明側の現状なのである。

王波の押しの強さに負けて仕方なく、軽い感じを装って深津さんに電話してみると、「昆明みたいなところでゆっくり働くのは魅力的だね。ゆくゆくは、日本で半分、昆明で半分といった具合にしたいよ。え？　今すぐ？　無理無理」と返された。

翌日、深津さんに断られたことを王波に電話で伝えると、意外にも彼は上機嫌だった。「すごいニュースだよ。オレたちのオフィスビルの一三階に、昆明ホテル協会があった。相談したいことがあるからすぐに来て」。

筆者が会社に行くと、王波はすぐに説明し出した。「さっきね、ホテル協会のボスと話をしましたよ。『日本に深津さんというデザイナーがいて、ホテルの価値を上げるデザインをする人だから、彼を呼んで講演させたほうがいいですよ』って言ったら、ぜひやりたいって」。

「すごい！　いい宣伝になるじゃん」と筆者は言った。

「その通り。まさかこんな近いところにホテル協会があるなんて、すごいラッキーだ。さっそく準備しないとね。深津さんにスケジュールを聞いておいて。なるべく早い方がいい」。

筆者はノートパソコンを取り出し、深津さんにメールする準備に取り掛かった。すると王波が「あともう一つ。昆明駅前にあるホテルの社長から連絡があって、改修する予定だから話を聞きたいと言ってきた。いま、梁さんが打ち合わせに行ってるよ。そのことも深津さんに伝えておいてください」と付け加えた。

「深津さんには伝えるけど、先に提案書を作ってもらうのはもうヤメにしてほしい。すでに三つ作ってもらってるのに、深津さんにお金が全然入ってないじゃない。ちゃんと契約してから提案書を作るようにしないとダメだよ」と筆者は言った。

自分だけでなく、王波も梁さんも実はド素人なのではないかと、このころになってやっと気づき始めていた。

昆明ホテル協会での講演会

七月一日、深津さんがまたやって来た。

今回のスケジュール予定では、初日に昆明駅前のホテルのクライアントに会い、翌日はホテル協会の講演会。そして三日目は大理に行き、曠会長の言っていたホテル建設地を視察する。一泊して昆明に戻り、夕方に昆明を立つということになっている。

昆明駅前ホテルでは、とりあえずクライアントの話を聞いた。古くなっているので改修したいが、その際、立地的に集まりやすい中~低クラスのビジネスマンにとって心地よいデザインにして宿泊率と宿泊料を上げたいというのが要望だった。

これは深津さんにとって得意分野だったため、契約前だがまず初期提案をすることになった。

翌日は講演会である。昆明ホテル協会が主催なだけに、三つ星級から五つ星まで、計三〇のホテル経営層が出席した。講演会は一部と二部に分かれており、一部はホテル協会の会長による講演である。これは定期的に行っているものらしい。二部が深津さんの講演だ。テーマは「デザインでいかに宿泊率を向上させるか」。ホテル経営者がいかにも聞きたくなるようなテーマになったと思う。

通訳したのは王波だが、深津さんより王波のほうが緊張しているようだった。しかし数分もすると王波も調子が乗ってきて、流暢に深津さんの話を通訳していた。反応はまずまずのように見えた。今後の営業活動によって見込み顧客を大いにゲットできそうな予感がした。

三日目は、朝から自動車で大理へ移動した。昆明から約四時間かけて大理の中心である「古城」に到着。古城はかつての大理国の首都で、現在は商業化された観光地となっており、観光客であふれかえっている。古城の東側には「洱海」という湖があり、西側には「蒼山」が横たわる。いずれも大理名物の自然資源である。我々は、そこからさらに一時間以上かけて「洱海」の東側にある「双廊」という街に向かった。

双廊は白（ペー）族という少数民族が多く住む。当地の若者たちは大都市に行きがちだが、年配者たちはかつての暮らし通りに生活している。民族衣装を着た老人たちや、馬車や旧型トラクターが往来しているなど、いかにも牧歌的な風景だ。表通りから路地に入ってしばらく歩くと、急に視界が広がり、湖が見えてきた。洱海である。湖の向こうには、雲で見え隠れする雄大な蒼山が横たわっている。まさに絶景だ。

「ここは金の匂いがする。世界中のデベロッパーが食いつきそうな場所だよ」と深津さんがつぶやいた。

我々はホテル建設予定地となっている二か所を視察した。一か所目は、元小学校だった敷地。二か所目は、民家である。二か所目が見終わると、「さらに見せたいものがある」と曠会長が言う。民家の路地をさらに先に進むと、石造りの立派な館が見えてきた。

「ヤン・リーピンが作ったホテルです」と曠会長が言った。ヤン・リーピンは、日本でも知られる中国を代表する国際舞踏家だ。雲南の人々は誰しも彼女を尊敬している。

曠会長によると、双廊はこのホテルができるまで、誰にも知られていない一農村に過ぎなかった。しかしこのホテルができるや、全国的に注目されるようになった。最初は有名人がお忍びで双廊を訪れるようになり、じきに金持ちたちが訪れるようになったという。デザインしたのは無名のデザイナーだったが、このホテルによって彼も一躍有名になったそうだ。

「このホテルは高い。すべてメゾネットタイプで一泊四〇〇〇元です。部屋を取ってあるから、今夜はここに泊まってください」と会長は深津さんと筆者に言った。

ヤン・リーピンのホテルは確かにすばらしかった。当地の石材を使った、少数民族テイストのあるデザインの建物は、湖の突端に建っており、中庭は湖に面している。中庭には古い船に使われていた木材で作った座高の低いソファが置かれ、そこに寝そべると湖面のさざ波しか聞こえない。気候もちょうど良く、まるでどこかの高級リゾート地に来たようだ。

深津さんは休憩もほどほどに、「写真で撮るより、スケッチしたほうが細部の記憶が残るんだよね」と言って、中庭をスケッチし始めた。

部屋の中も美しかった。メゾネットタイプなので、深津さんは一階に、筆者は二階に寝ることにした。曠会長と王波はそばにある別のホテルに泊まった。

室内には、おそらくペー族の伝統工芸なのだろう、趣味のいい調度品が並べられ、色合いも美しく、センスの良さが際立っている。ただし、悪い点もあった。それは機能面である。シャワーは使いにくく、水回りが悪い。換気も悪く、タバコを吸うと煙くて仕方なくなった。それでも、このホテルは極めて魅力的であることにはかわりなかった。今でも強く記憶に残っている。

講演会の「効果」

深津さんが上海に向けて昆明を出発した翌日、さっそく講演会の反響があった。「深津さんのデザインに興味がある」という打診が複数来たのである。その中に五つ星ホテル「天恒酒店」からの打診もあった。さっそく梁部長と王波が飛んで行って話を聞くと、先方は深津さんと直接話をしたいのだと言う。しかし深津さんは昨日去ったばかりである。中国には短気なクライアントが多い。このチャンスを逃すと、立ち消えになるだろう。とはいえ、深津さんにまたすぐ来てくれとも言いづらい。

クライアント先から戻って来た王波は、「やっぱり深津さんには昆明に住んでもらったほうがいいよ」とため息をついた。そして「中国のお客さんは、決めるときはパッパッパっと決めるんだ。今動かないと、他のデザイナーに取られちゃうよ」と吐き捨てた。

弱った顔をしながらも「あ、深津さんのアシスタントに来てもらう手もあるね……」と王波は言った。「まあ、そうかもしれないけど……」と答えようとすると、「いいだと思う。ぜひ来てもらおうよ」と言って筆者の顔を見た。彼は「いいと思う」を「いいだと思う」と言うのが癖だ。

「いや、ダメらしい。深津さんによると、お客さんと話ができるアシスタントがいないって」。

深津さんがかつて酒を飲みながら言うには、デザイナーには独立できるデザイナーと独立できないデザイナーがあって、独立できるデザイナーというのはお客さんとコミュニケーションが取れる、営業力のある人なのだという。「全体を取り仕切る、プロジェクトマネジャーの素養がないと、デザイナーは人に使われるレベルにとどまってしまうんだよ」。そして深津さんの部下には現場で話のできる人がいないらしかった。

結局、無理を言ってでも一週間以内に深津さんに提案書を作ってもらい、一週間後、我々が深津さんの代わりにクライアントに説明するという作戦をとるしかなかった。

大きな獲物は絶対に逃したくない。だから筆者は、無理やり一週間で提案書を作ってくれと、上海に滞在している深津さんに電話口で拝み倒した。ろくな情報もないのに提案書を作るのは無謀だという深津さんに対し、「そこを何とか」と言い続けたのである。これで深津さんが無料で作る提案書は五つ目になると思うと、冷や汗がドッと出てきた。

こうして深津さんに提案書を作ってもらえることになったとはいえ、我々はホテルのこともデザインのこともよく分かっていなかった。ここにきて分かったのだが、王波も梁部長も住宅デザインのことは多少話せても、商業施設のデザインについては素人も同然だった。深津さんなしでクライアントをうまく説得する自信は、この時点で誰もなかった。

王波が言った。「友達の中に、デザインに詳しい日本の友だちいませんか?」

どういうことかと尋ねると、「俺たち、深津さんの提案書をお客さんに見せたとき、絶対深津さんみたいにうまく説明できないし、契約できたとしても、その後の細かい打ち合わせにいちいち深津さんを日本から呼ぶわけにはいかないでしょう? だったら、深津さんみたいな国際デザイナーじゃなくてもいいから、デザインがわかる他の日本人デザイナーが昆明に住んでくれたら、うまくいくと思う」と説明した。

問題があったとき、常に様々なアイデアを考え出して現状打開を目指すのが王波のいいところである。たとえそれが突拍子のないものだとしても。

「でも、一か月いくら払えるの?」と聞くと、「うーん、梁さんと相談しないと分からないけど、大体七〇〇〇元くらいかな」と王波。七〇〇〇元といえば、当時のレートで一〇万円足らずである。月一〇万円で来てくれるデザイナーなんているわけがない……と思っていたら、心当たりがあるのに気付いた。

「いた。一人だけ」。

第五章　雲南

提案とは物語である

一週間後。深津さんから提案書が届いた。薄々予想していた通り、提案書の中身はこれまで貰っていた提案をコラージュしたようなものだった。当然である。なぜなら、深津さんはこのホテルのことをほとんど把握していなかったのだから。もちろん、現場写真を送っただけでこれだけの提案ができるのはすごいことだとは思ったが。

さらに、説明するのは我々ポンコツ部隊である。先方を納得させる自信はまるでない。だからといって、無理やり作ってもらった提案書を無駄にするわけにはいかなかった。どうしてもクライアントを喜ばせるような話をしたい。自分にできることはないのかと必死に考えていた。

そもそもクライアントにとって、日本人デザイナーである深津さんに、昆明のホテルをデザインさせる意義があるのだろうか。本当だったら、地元の優秀なデザイナーとか、中国で人気のあるデザイナーにやらせたいと思うのではないだろうか。確かに舶来品に弱い中国では、外国人デザイナーはちょっとしたブランドになる。しかし、コミュニケーションもしづらく、気軽に会うこともできない外国人を、大金を払ってまで相手にするのはやっぱり割に合わないだろう。何か、外国人、いや日本人であること自体が彼らを惹きつけるような付加価値はないだろうか……。

そんなことを考え、何か補足となる資料を作ろうと思った。自分の持っているあらゆる知識を総動員させた末、以下のような文章を作り上げた。

「〝化外之地〟雲南」に残された良好な中華文明を表現する

日本人である私にとって、昆明で仕事をすることは非常にやりがいのあることであり、光栄なことだと感じています。

日本にとって、中国はとても大きな存在です。儒教をはじめとする思想的なものだけでなく、美術、建築、音楽など、あらゆる面で中国から学んできました。中華文明の外側にある「化外之地」の日本にとって、中国は先進文明を持つ、輝く存在だったのです。

自ら文明を創り出す人々は、時代に合わせてその文明を刷新していきます。ところが化外之地・日本では、古来に伝わった中国文化を、大事に保存し続けてきました。たとえば、「漢」という文字は現代の中国ではhanと発音しますが、日本ではkanと発音します。実はkanという音は、古代中国における「漢」の発音と近いのです。千年以上前に学んだ発音を、現在も保持しているというわけです。

またたとえば、日本では礼儀を重んじ、常にお辞儀をする習慣があります。これもまた、礼儀の国である中国の伝統を忠実に守っているからです。

最近中国では、お茶を飲むときに日本の「南部鉄瓶」を用いる人が（特に中国文化を愛する人の中で）多くなっていると聞きます。これは日本の伝統の中に、中国の良好な伝統文化を見出しているからだと私は考えています。

中華文明において、日本はしょせん「化外之地」です。しかし、現在の中国が極めて近代的な発展を遂げる中、中国の古き良き伝統は、むしろ「化外之地」に多く保存されている可能性があります。そして日本と同様に雲南省もまた、中華文明においては「化外之地」であり、中華文明の良き伝統がたくさん残されています。雲南には、今こそ古来中国の伝統を現代に復活させる役割があると感じます。

昆明の地を踏んで感じたのは、故郷のような懐かしさでした。この地の伝統と風俗、それから照葉樹林に囲まれた大自然が、私の心をつかんだのです。

日本文化を照葉樹林文化と呼ぶことがあります。日本のアニメ作家、宮崎駿が「となりのトトロ」「もののけ姫」などで描いた世界は、この照葉樹林文化の影響が濃厚なものとなっていますが、そこで描かれるのはまさに、日本人が懐かしく思う自然の姿です。照葉樹林にあふれる雲南の自然が、私にとっても懐かしく感じるのは当然のことなのです。伝統や風俗、また人々の気質なども共感するものが多くありました。食べ物ですら、日本の食べ物である納豆・こんにゃく・甘酒など、似たものがあるのにとてもびっくりしました。

雲南に残された良好な伝統や風俗、自然が、同じ「化外之地」に住む日本人によって表現されたら、これまでにない豊かな空間が生まれるかもしれない――そんな思いが、天恒酒店をデザインするにあたっての主要エンジンとなっています。これはホテルデザインとしてだけでなく、世界のデザイン界からみても極めて新しい取り組みと言えるのではないでしょうか。

天恒酒店が建つ場所は、はるか昔から昆明の中心地であることから、伝統を伝えるには最適の場です。そして上階に上れば、発展する昆明の現在、そして未来を見通せます。デザインを通じて、昆明の過去・現在・未来を、表現していきたいと思います。

深津泰彦

苦しまぎれに作った文章だったが、悪くない「でっち上げ」だと思った。書き上げてから改めて読んでみると、我ながら真実味さえ感じられる。まるで物語作家になった気分だった。

そのとき、突然啓示のようなものが降りてきた。そして深津さんからもらった五つの提案書を、急いで見直してみた。

やはりそうだ。改めてこれらの提案書を見ると、クライアントを納得させるための物語になっていることに気付く。立地分析や競合分析などは、顧客が魅力的に感じる物語を作るための素材なのだ。そしてすでに「でっち上げ」を作りあげた筆者から見ると、ビジネスっぽいそれらの分析もまた、「でっち上げ」を真実らしく見せるための仕掛けに過ぎないように思えた。

提案とは物語である——そんな確信が生まれた瞬間だった。

クライアントに会う

「これを手紙にして、先方に渡したいんだけど、どうかな?」

筆者は興奮を抑えながら王波に言った。

「いいだと思う」。

文章を一瞥した王波は、言葉とはうらはらにそっけなく言った。

そして翌日。王波と筆者が天恒酒店に行くと、待っていたのはホテル管理者のナンバー・ツーとその部下だった。ナンバー・ワンである総経理は出張中だという。講演会に来ていたのはナンバー・ワンだから、彼らに話してもあまり意味がない気がした。これだけ急いだのにひどい仕打ちだ。

王波が深津さんの実績について一通り話したあと、提案書を出して説明する。しかし、提案書に書いてある以上のことを話せないわけだから、かなり平板なプレゼンとなってしまう。それを自覚しているだけに、王波の説明は徐々に大げさになっていく。

それでもナンバー・ツーは穏やかに聞いていた。聞き終ると、「今日は総経理が留守だから何とも言えませんが、今日の話は伝えておきます。次はもっと詳しい提案をもらえますか？　現状の図面を渡しますから」と言った。

（ここでカネのことを話さないとダメだよ）と王波に耳打ちしたが、彼はそれを無視して「分かりました。今日はありがとうございます」と答えた。

（オレが書いた手紙は？）とさらに耳打ちしたが、彼は無視した。

帰り道、王波が不満交じりに言った。

「深さんてさ、お客さんを俺たちに渡すことだけが仕事だと思っているんじゃないかな。今日の副総経理の様子を見ていると、オレたちにすごい期待をしている感じじゃなかった。どうせ、講演会場で『今度ウチでも改修予定なんですよ。深津さんにぜひ提案してもらいたいですね』みたいなことを挨拶で言われただけなんじゃないかな」。

「マジか……」。

「いずれにせよ、まだ契約も取れてないのに深津さんに次の段階を頼むわけいかないよね」。

「それはそうだ」。

「だから次回は、総経理向けに、提案書の解説文を作って出そうかと思う。ちょっと作ってもらえますか?」

「別にいいけど」。筆者は家に帰り、提案書の各ページに付ける解説文を作成した。このホテルは親会社が雲南省の有名な煙草会社であり、また深津さんのホテルコンセプトが「オーセンティック」だったので、ロビーラウンジのカウンターで国父・孫文が葉巻を吸っている姿をイメージしながら文章を書いた。ゴーストライティングがだんだん板に付いてきた気がした。

日本人デザイナーを呼ぶ

解説文付きの提案書を天恒酒店の総経理に渡したものの、王波の予想した通り、先方は改修をすぐにやりたいようではなかった。そして接触の機会も絶たれてしまった。

すでに七月半ば。筆者の勤める雲南大学はもう夏休みに入っている。夏は日本に帰省しようと考えていたが、その前に現状を総括する会議を開くことになった。

会議には、いつもの梁部長と王波のほかに会長も出席した。

まずは現状報告を王波がした。いい報告がひとつもできない。うまくいっていない理由を「自分たちに知識も経験もないため」と結論付けつつ、深津さんが昆明にいないこと、我々の提示するデザイン費用が相場より高いことがネックになっていると補足した。

すると会長が、「この仕事は挑戦であり、壁を乗り越える必要がある。私は深津先生の力を信じている」と言った。最初はうまくいかないのが当たり前で、引き続き挑戦を続けよという意味だった。さらに会長は、一番大切なのは深津さんのすごいところを顧客に認めさせることであり、コストを問われる前に品質を認めさせるべきだと言った。

梁部長が、深津さんの知名度アップに関しては、ホテル協会での講演以外にもデザイン大会の審査員とか、客員教授とか、中国の国際的デザイナーとのコラボレーションなどが考えられると述べた。どうやら、会長も梁部長も全くあきらめていないようだった。その楽観的な姿勢を見て、すこし感動した。上り調子の中国では、失敗しても常に前向きなのかもしれない。昔の日本企業がそうだったように。あるいは、能天気なのは彼らだけなのかもしれないが……。

さらに、今後業務を拡大させるにあたって、昆明に常駐してくれる外国人デザイナーも欲しいという話になった。ひるむどころか、さらなる投資が必要と彼らは判断しているのである。

「この前、ひとりだけ心当たりがあるって言ってたよね。月一〇万円でも昆明に来てくれるデザイナー」。王波が筆者にたずねた。

「でも、深津さんみたいなすごい人じゃないから。それに、かつてデザイン会社に勤めていて、今はフリーになっているけど、グラフィックデザインを中心にやっているみたいだから、インテリアデザインの細かいことは分からないかもしれない」。

「でも、オレたちよりは分かるでしょう?」

「まあ、深津さんの連絡係的なレベルだったら問題ないと思うよ。それに彼は以前上海で一年間、香港資本の設計施工会社の営業をやったこともあるし」。

「名前は? 何歳?」

「井上訓夫。小学校の幼なじみ」。小学校時代、彼はなぜかイノマンと呼ばれていた。そして今でも、多くの人にイノマンと呼ばれている。そしてこの後、昆明でも中国人からイノマンと呼ばれることになる。

「へー、幼なじみなんだ。いいじゃないですか」。

「いや、でもあくまでも連絡係として構わないならね」。

「分かりました。今、梁さんと会長に相談してみます」。

王波はその場にいる梁部長と会長に早口で中国語で説明した。

二人ともうなずいている。

王波が言った。「今、電話してもらえる?」

「今?」

「ほら、今会長がいるからさ。話が早いでしょう?」

「分かった」と言って、筆者は国際電話を掛けた。

都合よくイノマンとつながった。事情を話すと、「へー、面白そう。ご指名ありがとうございます。まあ、こっちも仕事が色々あるからさ。行くとしたらこっちの仕事をかたづけないとね。でもオレ、難しいことできないよ！」

「深津さんというすごいホテルインテリアデザイナーがいてね。我々はデザインの事が詳しくないから、イノマンが代わりに理解して、お客さんに説明するような仕事。いわば連絡係」。

「連絡係？　それだったら大丈夫かもね」。

相変わらず軽い男だった。

「どうやら、来てもらえるかもしれないよ」。電話の会話を一時さえぎって王波に言うと、「いいじゃないですか。じゃあ、履歴書とか作品集も送ってもらうように言ってください」と言うので、イノマンにその旨を伝えた。

すると、「えー、オレ大した作品ないぜ」と言うので、また王波に「大した作品はないそうだ」と伝えると、「嘘でもいいから作ってください」と王波が答えた。

「イノマン、嘘でもいいそうです」と伝えると、イノマンは「嘘でもいいのか！」と苦笑した。「でも以前、上海豫園商場のプロジェクト提案してたじゃん」と尋ねると、「まあそうだけど、そのときオレは営業とパース画を描いただけだからな」と言う。「たぶん、そんなのでも作品のひとつなんだと思う。適当にまとめておいてよ」と言って、やっと電話を切った。

王波が我々のやり取りの内容を会長と梁さんに中国語で伝えた。二人はうなずいている。どうやら昆明側としてはイノマンを歓迎しているようである。

大先生がやってきた！

八月の終わり。イノマンが昆明にやって来た。会社が事前に借りておいたオフィス近くのマンションに、奥さんが日本に帰省して独り身となっていた王波と一緒に住むことになった。

その頃すでに大学の授業が始まっていた筆者は、イノマンが出社を始めた当初の数日間、弘佳のオフィスに行くことができなかった。授業の合間に電話してみると、イノマンの悲痛な叫びが聞こえてきた。

「オレ、連絡係じゃなかったっけ？　なんかすごいことになっているよ！」

どうしたのかと尋ねると、「なんか大先生扱いなんだよ。すごい期待されちゃって困ってる」。

その夜、イノマンと王波の三人で酒を飲んだ。それによれば、王波がイノマンのことをかなり脚色して上部層に伝えていたようで、今日、会長を始め全ての人から大先生だと思われてしまい、深津さんばりのデザイン仕事を期待されていると共に、会社のデザイナーを教育するように言われたのだった。

「こんな話、聞いてないよ！」とイノマンが筆者にあたった。

「いや、事前にイノマンに対する評価を報告書にして上げたけど、すぐにバレる嘘は書いてないよ。基本的には深津さんのサポートがメインとなるって書いたよ」と、責任逃れのような言葉を発しながら王波のほうを向いた。すると王波はシレっとした顔で言った。

「あの報告書じゃ、上が納得しないと思ったからさ。書き換えました」。

「マジで？」と筆者。

「でも大丈夫。オレたちで井上さんを助けるからさ。力を合わせればなんとかなる」と王波が言った。

「いやムリムリ！　無理でしょう」とイノマン。

その慌てふためく様をみて、筆者も「今からでも遅くないから、本当のことを言おうよ」と言った。

そんな二人を見ながら王波が、タバコに火をつけ一服してから言った。「中国ではさ、自分の実績を大きく書くのが常識だよ。だから経歴なんて本当はみんな信じてないよ。だから、大丈夫」。

「いやいや、今日みんな信じてたでしょ！」とイノマンが叫んだ。

「大丈夫、大丈夫。今日は初めて三人でお酒が飲めましたね。オレたちがんばろう！　ささささ、乾杯！」と王波が強引に酒を勧めた。イノマンはしぶしぶ酒をあおった。

幼なじみだからよく知っているが、イノマンはスポーツ好きだが勉強が嫌いなタイプだった。でも真面目な面もある。高校卒業後、インテリアデザインの専門学校に入学し、同級生の多くが適当に授業を聞いている中、せっかく高い授業料を出しているのだからと、彼だけは真面目に授業に取り組んだ。そして図書室にある本をすべて「読んではないけど、写真は見た」そうだ。読書が苦手なのである。ロジックではなく感覚で物事を把握するタイプなのだ。ある意味ではこの業界向きといえるかもしれない。

そして卒業後は個人デザイン事務所に入所した。そこは、大手デベロッパーが作った大型施設に後付けで意味を考える、つまりコンセプトをでっち上げるのが得意な事務所で、たまたまバブルの時期だったこともあり大きなプロジェクトをいくつも抱えていた。当時、大手デベロッパーの建築部門の人々は、物を作ることはできてもコンセプトを作ることができない人が多くいたようで、そんな人々をイノマンは「一流大学を出たのに頭悪いんだな」と思っていたそうである。とはいえ、イノマン自体はコンセプト作りにはあまり関わらず、パース画を描くのがメインの仕事だったようだ。「コンセプト」という言葉が日本の世間一般で広く流通し始めたばかりの頃の話である。

酒が入ると気も大きくなるもので、「まあ、デザインレベルは全然低いけどね、昆明は」とイノマンが言いだした。そこで王波が「そうですよ、イノマン先生は大体のイメージを部下のデザイナーに指示するだけで全然ＯＫですから」と付けこんだ。するとイノマンは「そうか?」とつぶやいてから、しかしすぐに首を振って、「でもデザイナーに教育なんてできないぜ」と言った。「そこはオレが手伝うからさ」と筆者がダメ押しすると、イノマンもなんとなく納得した気持ちになったようだった。

それから数か月は、イノマンにとって平穏な日々が続いた。せいぜい、ショッピングモール地下にある小さなテナントのインテリアを試験的にデザインした程度である。

一方でその間、王波と筆者は深津さんがらみの案件で奔走していた。深津さんの講演会を見たホテル支配人が、深津さんにホテル敷地内に作る予定のミュージアムのデザインを頼みたいと言ってきたからである。

結果から言うと、この提案は成約しなかった。現場で採寸し、図面を起こし、深津さんに初期提案をしてもらい、深津さんにプレゼンしてもらい、指摘された点を何度も修正し、最終提案はホテルの親会社がある北京にまで王波と深津さんが出向いてプレゼンし、その結果、会長からOKが出た。それにもかかわらず成約しなかったのである。

理由は、ナンバー2である副会長が「何となく嫌だから」だったからである。最初に話をもちかけてきたホテル支配人の張さんがそのことを我々に報告し、詫びた。どうやら副会長は、弘佳という会社自体に疑念を持っていたらしい。副会長は実績を重視しており、商業施設のデザイン実績が足りない弘佳に不安があったというのが、後に判明した真相である。深津さんのデザインに問題があったわけではないのだ。後日談だが、この三年後、北京の会長が直々に別件のデザイン依頼を深津さんにしている。当時の仕事ぶりを忘れていなかったのだ。

これまでも失敗続きだったが、この時ほど中国ビジネスを呪ったことはなかった。「だったら、最初から断ればいいじゃないか!」と思った。それと同時に、お金をもらうまでは絶対に――我々はともかく――深津さんを執拗に動かすことはしまいと決心した。この案件で良かったことをあえて挙げるとするならば、昆明の仕事ぶりを一通り、イノマンに見てもらったことぐらいである。

弁護士事務所のデザイン

一〇月になると、イノマンに仕事が入った。弘佳で住宅の設計施工をした施主が、新しくオープンするオフィスの設計施工も依頼してきたのだ。「今なら我が社の首席デザイナーが格安で使えますよ」という王波のセールストークによって、イノマンがデザインすることになったのである。依頼者は女性弁護士で、その弁護士オフィスは昆明の一等地「南屏街」にある「順城」という複合施設内のオフィスビル一七階にあった。この複合施設は外資系デベロッパーが手掛けており、豪華でかつデザイン性に優れている。今でも昆明の中で際立った輝きを放つ存在であり続けている。

イノマンと王波、そして中国人のアシスタントデザイナーと三人で、とにかくクライアントの話を聞きに行った。筆者は大学の授業で行けなかった。

翌日になってイノマンに状況を聞くと、クライアントは女性弁護士のほかにも彼女のお姉さんがいて、妹のマネジャーのようなことをしている。妹は短気で気が変わりやすい一方、お姉さんは優しい感じの人だそうだ。アメリカのとあるドラマに出てくるオフィスのようにしたいというのが二人の要望である。竣工までの期限は一二月中なので、三か月弱はある。小規模オフィスなので、中国では比較的余裕のあるスケジュールだと言える。

「ドラマの名前は聞いた。さっきネットでチェック済みだよ。赤みの強いブラウン系の木（モク）を多用したオフィス。まあ、これとそっくりのデザインにすればいいんだから、やるべきことははっきりしているよね。でも一五〇平米しかないのに、受付や会議室、従業員のオフィス、三つの個室オフィス、資料室、給水室、それから妹さんの部屋を作らなければならないから間取りを考えるのが結構大変なんだけど」。

そんなことを言いながら、イノマンは結構楽しそうだった。

その後の段取りは以下の通りである。イノマンが各所の配置とざっくりしたイメージを考え、それを基にアシスタントが図面を起こし、CGパースを描く。それを持ってクライアントのところへ行き、修正点があれば修正する。了解が出たら詳細な図面を起こしつつ各材料を決め、施工段階に移る。

ところが実際はそんな簡単なものではなかった。クライアントのところを何度も往復する羽目になったのである。この新事務所を作るにあたり妹さんはインテリアデザインについてかなり勉強したようで、細かいところまで質問してくる。しかし施工や材料に精通しているわけではないイノマンは、即答ができない。ちょっと間をおいて返答するしかなかった。

たとえイノマンの返答が正しいものであっても、返答までの「間」こそが信頼を生むか産まないかの境目なのだろう。一度疑念が生じると、妹さんはそれ以外の部分についても質問しないではいられなくなってしまう。質問攻め地獄だ。そんなとき、お姉さんのほうがやさしくフォローに入ってくれるのが唯一の救いだった。

楽観的なイノマンも、すっかり嫌になってしまった。「オレはさ、元々連絡係だぞ。細かいことなんて分かるわけないだろう」と、しごく真っ当な不服を筆者と王波にぶつける。

「これから頑張れば大丈夫。嘘も頑張れば本当になる。オレたちも一緒に勉強するからさ、頑張りましょう！」と王波がなだめる。筆者も「頑張るしかないよ、イノマン。何事も経験だからさ」とずいぶんと適当なセリフを、しかし大真面目に言った。さぞかしイノマンもあきれたことだろう。

後で王波が、「今日さ、お客さんに、『井上先生は日本でたくさんデザインを手掛けてきたと言うけど、実は今回が初めてなんじゃないんですか』って言われちゃった」と筆者にささやいた。

ギョッとした筆者が「それで、なんて答えたの？」と尋ねると、「『いやいや、日本と中国ではずいぶんやり方が違いますから、色々と勝手の違うところがあるんです』と答えておいた」と言ってため息をついた。「しかもさ、アシスタントからも文句が出ている。イノマンに質問すると『それは君が自分で考えて』と言われることが多くって、それなら自分がデザインしているのと変わらないよって言われた」と、またため息をついた。

つられて筆者もため息が出た。

イノマンの名誉のために断っておくと、どうやら中国のスタッフの心構えは日本のそれとやや異なるようだ。少なくとも弘佳のアシスタントは、言われたことしかできない人が多い傾向にある。上司から言われたことに自分なりにプラスアルファを付けて提出し、自分の仕事のクオリティを上げようとするのが日本のスタッフの基本姿勢だが、そんな概念はさらさらない印象がある。もちろん、言語や文化の違いによる齟齬というのも大きかっただろう。コミュニケーション不足である。当時はそのあたりのすり合わせが全くできていなかった。

そのような経緯があったことから、施工に入ったのは予定日よりずいぶん後となる翌二〇一一年の一月だった。一月四日に、仮の墨出し（床に線を引く）をしてスケールのチェックを行ったのだが、その時、想像していた以上に現場が狭いことが判明した。その時の教訓をメモしておいたのが手元にある。

1　施工に先行して現場に行き、墨出しできたことは良かった。
2　お客さんに狭い場所であることを強調できるような図面作りをしたほうが良い（つまり椅子、机、コピー機などを図面には大きめに描く）。

3　建物自体が、設計図面より小さい可能性がある。
4　各部屋の使い方を顧客からもう少し聞くべきだった。
5　最初のうちに（契約が取れた時点で）現場をよく見ておくべきだった（広さ、窓の場所など）。
6　中国と日本では、広さの感覚が異なることを認識すべきだった。

最後の6は、特に痛感したことである。中国の広さに対する感覚は、日本の一・五倍はあるのではないか。筆者も長年中国に住んでいるため、たまに日本に帰って喫茶店やレストランの座席に座ると、その狭さに辟易するようになった。

とはいえ、ようやくイノマンの昆明初作品が現実のものとなる日が近づいた。ある夜、筆者はイノマンと乾杯した。

酒が入って機嫌が良くなったところで「いろいろあったけど、どうにかなりそうだね。今回はいい勉強になったんじゃない？」と言うと、「まあね。でも材料とか家具までオレが選ばなきゃならないんだぜ。日本のことさえよく分からないのに、『この材料とこの材料、どっちがいいですか』なんて、クライアントやアシスタントに毎日聞かれて、本当にうんざり！」。

「そんなときイノマンは何て答えるの？」

「『どっちでもいいよ！』と言いたいところだけど、値段とか材質とか一応チェックして、選んだよ。だけど、今後こんなことをやり続けるのかと思うとゾッとするよ」とクダを巻くように言った。

やりきれないようなイノマンを見て、さすがに申し訳なく思った。

ところがイノマンは急に眼を輝かせて言った。「でも、まあ勉強になったな。コンセプトって大事なんだなと思った」。

彼が言うには、家具選びのときにクライアントにいろいろアドバイスをしなければならなかったとき、とっさに「このオフィスビルは、昆明の最先端ビルです。そして最先端な人々が集まる場所でもある。一方、弁護士という職業は生身の人と人が出会い、話し合う、人間味のある仕事です。それらを融合させた雰囲気こそ、デザインのコンセプトなんです。そう考えると、人間的なあたたかさを感じさせる木材と、最先端のイメージを持つステンレスが使われているこの椅子が、我々のオフィスに最もふさわしいと思います」と言ったところ、クライアントは妙に納得したそうだ。その後もその調子で説明していくと、スラスラと話が通ったという。

「それはいい経験だな」。

筆者が言うと、「うん。以前働いていたことが役に立った」と言いつつ、「基本はアメリカのドラマのパクリなんだけどね」とイノマンは声をあげて笑った。

ショールームの提案

話はさかのぼるが、イノマンが弁護士事務所の設計に取り掛かってから約一か月後のこと、別の依頼が来ていた。梁部長が持ってきた案件で、分譲高層マンションの販売拠点となるショールームのデザインである。

「三〇〇〇平米のビッグプロジェクトだ」。

梁部長がそう言うのを聞いて、嫌な予感がした。どうせ見込みの薄い顧客で、やり損で終わるんじゃないかと思ったのだ。そして、やはりそうなってしまった。

だんだん分かってきたことだが、中国のお客さんの多くが、お金を出さなくていいならいくらでも提案を受け付けるのだ。顧客は我々がどれだけ手間暇かけているかなど、ほとんど配慮してくれない。だから仕事を受ける側としては、お金をもらえるまではできるだけ何もしないというのが合理的な判断である。とはいえ、実績もない我々としては、小さなチャンスでもいいからとっかかりが欲しいというのも事実。営業担当者は、そのあたりのバランス感覚が必要となるのである。

ところが梁部長は、見込みがあるかどうかなどはお構いなしに、とにかく顧客を捕まえてくるのだった。最初の頃はがまんできたが、それが一年、二年と続いたので、「ビッグプロジェクト」という梁部長の言葉を真に受ける人間は最後には誰もいなくなってしまった。

イノマンは当時そんなことに気付いていなかったから、もちろん真剣にこの仕事に取り組んだ。梁部長は、イノマンのそんな気持ちを歯牙にもかけていない様子だった。

さらに、提案するためには様々な情報が必要となるが、梁部長はろくな情報を提供してくれないだけでなく、「明後日までに提案してくれ」などと無理なことを言う。仕方なくイノマンは、事前情報は住所と面積、用途だけといった中で、やみくもにインテリアデザインの提案を作った。

イノマンが出したその提案は意外にも顧客に認められ、次に外観のデザインをしてくれと頼んできた。イノマンは「外観の提案を出すのは契約してからのほうがいいんじゃないの？」と王波に言ったのだが、王波は「絶対に取れるから大丈夫」と言い張った。

仕方がないのでイノマンは外観をデザインし、構造設計に詳しい外部スタッフに金を払ってチェックしてもらったりまでした。都合五回にわたってクライアントに提案や修正を提出したが、結局一銭も手に入らなかったのである。

失注という結果が判明してすぐ、王波が筆者とイノマン、スタッフを集めて反省会を開いた。

王波が切り出した。「契約する前にたくさん仕事をし過ぎた。初期提案をしたところで契約すべきで、契約するまでは前に進んじゃダメだった」。

「王波が絶対大丈夫って言ってたから」とイノマン。

「それは梁さんがそう言うから、イノマンにもそう言うしかなかったんだ」と王波。

「まだ問題はあるよ」とイノマンが続ける。「提案する前に必要な情報を十分得られていないから、本当にお客さんが求める提案が作れなかった」。

「お客さんはイノマンの提案を認めていたよ」と王波が言うと、イノマンは「違うと思う。お客さんはタダで提案をもらっているわけだから、この提案を真剣に検討していなかっただけだと思うんだよ」と答えた。

王波がちょっと考えて、「まあ確かにそうかも」と同意した。

コンセプトが大切なことが分かり始めていた筆者も口をはさんだ。「その件に関しては、ヒアリングシートを作ったほうがいいと思うんだけど」。

顧客と最初に会う営業担当者、つまりここでは梁部長が、初期提案に必要な情報が書かれた質問票を見ながら顧客に質問していくべきだという考えである。住所と面積、用途と言った基本情報はもちろん、より踏み込んだ顧客に関する質問が網羅されたシートを作ればいい。

「そうそう、そんなのがあれば一番いいね」とイノマン。

するど黙って聞いていたスタッフの一人で寧勤功（ニン・チンゴン）が言葉を発した。彼は弘佳で唯一、商業施設を専門とするデザイナーで、誰もが彼のことをニックネームでニンゴンと呼んでいた。我々の中国人デザインスタッフは、アシスタントデザイナー二人と彼の三人だが、彼だけが我々の普段の動きを冷やかに見つめていた。キャリアのある分、日本軍団のやっていることが素人臭く感じられたのだろう。

そのニンゴンが、「商業施設のお客さんの要望は色々だから、誰でも通用するヒアリングシートなんて作れない」と言うのだ。「それに、お客さんは別にコンセプトなんて求めていないよ。コンセプトは大学で勉強したけど、実践で使うものではない」。

それを聞いて筆者はカチンときた。反論をしようとすると、王波がさえぎって筆者に言う。「中国と日本は違うよ。中国のお客さんは質問に答えるなんて面倒だと考えている。『とにかく図面とCGパースを作れ、話はその後だ』と言うお客さんばかりなんだよ」とたしなめるように言った。

筆者は黙りこんだ。しかし内心ではいつか彼らも納得するようなヒアリングシートを作ってやると決意していた。

後に分かったことだが、当時の王波やニンゴンが抱いていたヒアリングシートのイメージは、顧客が「そんなこと、お前らが考えろよ」と思うような、細かいことを一個一個聞いていくようなものだった。弘佳の営業マンを見ていると、相手のことを考えない、センスのない質問をする人が多い。

だから顧客が「怒る」のだ（住宅デザインに関しては、多少営業ノウハウが蓄積されているため、「家族構成、仕事、趣味」などをヒアリングして、それを踏まえて作る流れがあるようだった）。なぜ断言できるかと言えば、この三年後、筆者の素案を基に作ったヒアリングシートが何の違和感もなく社内で使用されているからである。とはいえ、この時はまだそれが証明されていなかったので、反論することができなかった。

順寧ホテルの提案

一二月になって、梁部長からホテルの仕事の話が来た。臨滄市に建築予定のホテルだという。臨滄市は昆明から車で六～七時間かかる場所にある比較的大きな街だ。その北西部に鳳慶県というあまり知られていない小さな町がある。鳳慶県は古来「順寧」と呼ばれ、今と違って結構賑わっていたという。現在は何もない町だが、そこに順寧時代の繁華なイメージを再現するというコンセプトの大規模都市開発が立ち上がった。バブル経済の賜物である。我々のクライアントは、開発地のランドマークとなる大きなホテルのオーナーになる会社だった。

梁さんが「ビッグプロジェクトだ」と言う。確かにそうだ。しかしそれを聞いた筆者は小声で王波に「ちゃんと契約してから進めないとダメだよ」とささやいた。王波は「大丈夫、今度はちゃんとしますよ」と小声で答えた。

梁部長が「一週間後に初期提案を出せと言われている。深津さんに作るよう、伝えてください」と筆者に言う。「一週間後は無理です。絶対に」と答えると、梁部長はしばらく考えた後、「じゃあ、とりあえず井上さんに先にやってもらって、後で深津さんの提案を出してもらおう」と言った。それも無理ですとは言いづらかったので、不安を抱えつつも承諾した。

それをイノマンに伝えると、案の定「ホテルなんて提案できないよ」と言うので、「まあ、間に合わせのコンセプトだけだからさ。とにかく作ってみよう」と言った。「でもそんないい加減なものを作っても契約できないと思うよ」とイノマンが渋るので、「梁部長がそうしろと言ったんだ。契約できなくても構わないさ。オレも協力する」と説得し、ふたりで初期提案を作ることにした。

先方の要望はおそらく、順寧時代の繁華なイメージをコンセプトとする開発地にマッチしていて、かつ豪華な雰囲気のデザインにしたいということだ。建築のCGパースを見ると、ホテルの外観は開発地のコンセプトに沿って昔っぽい中華風デザインになっている。先方がくれた開発地のプランと、ホテルの建築図面とCGパースを見ながらしばらく考えていたイノマンが、「コンセプトは『伝統・光・自然のあるくつろぎ空間』といったところかな」とつぶやいた。「具体的に説明してよ」と筆者が聞くと、「いや、何となくだよ。あとは考えてよ」と答えた。仕方がないので、その場で何となく文章を起こしてみた。

1　伝統のあるくつろぎ空間：
当該地域は古い建築も多く、訪れた人びとに中国の原風景を感じさせる。つまり心のふるさとである。ふるさとは人間にとってくつろげるイメージとなる。

2　光のあるくつろぎ空間：
光は人間を安心させるものの象徴である。古代、焚き火による光は他の動物から人間を守る手段であると同時に、ぬくもりを与えるものだった。現代においても、仕事を終えて夜遅く家に帰った人にとって、家から漏れる光は都会の緊張を解きほぐす。

3　自然のあるくつろぎ空間：
自然は人の気持ちを解きほぐす存在である。旅人が疲れを癒すとき、大きな樹の下で腰を下ろす。それは日陰を求めるだけではない。大樹という存在が人の気持ちを安らげるからである。

上記三点を手段としてくつろぎの空間を構築し、地域の持つ「肥沃な大地、中国の古き良き文化、のどかさ」と融合させることを目指す。

ただし、くつろぎの基礎となる機能性（現代的な空間）が基盤となる。

「こんな感じかな」と言ってイノマンに見せると、「いいじゃん。それでいいよ、それで」と言うので、「じゃ、これでいいか」と答えた。当時はコンセプトの作り方がよく分からなかったのだ。

しかしこれだけだと「仕事をやっている感」が出ないので、既存の平面計画とコンセプトのすり合わせをしてみることにした。イノマンの指摘を踏まえ、以下のようなことを考えた。

①低層棟である

●安定感があり、コンセプトの目指す「ゆったりとした空間」と合致する
②客室が広い
●これもコンセプトと合致する
③導線計画や使い勝手、スペースの有効利用等
●これはコンセプトに基づき、更なる良い提案が可能である
④直線の構成が多い建築設計
●直線が多いことはコンセプトにやや外れる
↓そのため、内装はややわらかい曲線やソフトな素材を多用する

その後、これらの話を補足できるようなイメージをネットから拾ってきて貼り付けた。最後に、「正式に契約していただければ、さらに詳細な提案をいたします」と記して締めくくった。

「できた。一週間の期限なのに、一日で終わっちゃった。こんな適当でいいのかな」とイノマン。

「分からないけど、オレたちの実力なんてこんなもんでしょ。ダメだったらダメで仕方ないよ。とりあえずあと五日ぐらい寝かせて、直前に王波に見せよう」と筆者も応じた。

一週間後、このコンセプトを持ってイノマンがクライアントに提案した。すると、すんなり契約に持っていくことができた。

その報告を聞いた筆者は耳を疑った。王波は「本当ですよ！」と筆者に言ったイノマンのほう向いて「すごいね、イノマン。やっぱりイノマンじゃなくてイノマン先生ですよ」と上機嫌だ。一方、イ

ノマンのほうは冷静で、「たまたまラッキーだっただけじゃない？　お客さんのレベルが低かったんじゃないの？」と言った。

とにかくこんなわけで、年末から年始にかけて、このホテルのプロジェクトにかかりきりになった。二月になってやっと深津さんによる正式な提案書が作られ、深津さんによるプレゼンが昆明で開催された。クライアント先の社長は満足し、大きな指摘もなかった。初期提案分のフィーがすでに先方から振り込まれていたので、このとき初めて深津さんにお金を渡すことができた。

ここまでは順調だったが、「ラッキー」はそこまでだった。次の段階に進んだところで、突然先方の会社で社長の交代劇があったのである。どんな内部抗争があったのか分からないが、すぐに新しい社長になり、新社長は古い社長が関わっていた取引関係を全て白紙に戻した。我々の提案もその一つである。王波が新社長のところに行って粘り強く交渉してくれたが、その先は一歩も進むことができなかった。我々の問題ではなかっただけに、口惜しさが募った。

もっと、日本人を呼ぼう

その頃、王波から「もう一人日本人デザイナーがほしいんだけど」と相談されていた。「真面目に夜遅くまで仕事をしているイノマンの姿を見て、会長も感心してますよ。弘佳は外国人デザイナーが在籍しているのが唯一の売りだし、もう一人日本人がいれば、さらにインパクトが出る。これからもっと仕事が入ってくる予定だからさ、イノマン一人じゃやりきれないし、もう一人探してもらえませんか？」

「しかし月給一〇万円でしょう？　イノマンみたいな人は特殊で、そう簡単に見つかるわけがないよ。それに今、ほとんど利益を生んでいない。外人が増えると人件費がかかり過ぎちゃうんじゃないの？」と筆者は返答した。

だが内心で心配していたのは、新しい日本人デザイナーが来ると、イノマンの立場が危うくなってしまうかもしれないということだった。もし才能のあるデザイナーが来たら、イノマンの価値が下がり、わきに追いやられてしまうのではないのかという危惧である。

翌日、それとなくイノマンにこの話をしてみた。

ところが意外なことに、「いいね、それ！　なるべく材料と施工に詳しい人を呼ぼうよ。そうすればオレも楽になる。それに、周りの人みんな中国語だからさ、日本語で会話したかったんだよ」と乗り気だった。

イノマンの言葉にやや唖然としたが、それならばと筆者は、新しい日本人デザイナーを呼ぶための作戦を考えた。

デザイナーというのは、基本的に面白いことや新しいことが好きな人が多いだろう。だから、「昆明でデザインの仕事をする」という話に興味を持ってくれる人は結構いるはずだ。さらに言えば、これを面白いと思える人はきっとセンスもあるに違いない。とはいえ、この話にまともに乗ってくれるデザイナーはせいぜい一〇〇人に一人くらいだろう。

だったら一〇〇のデザイン会社にメールすればいい。誠意を込めて書けば、一〇〇件のうち二件ぐらいは興味を持ってくれるはず。そしてそのうち一件は、実際に来てくれるはずだ。そんな作戦だった。

メールの文言は筆者が書いた。それは以下のようなものである。


突然のメールご容赦ください。

御社のHPを拝見させていただき、メール差し上げます。

中国・昆明弘佳装飾工程有限公司の井上訓夫と申します。

デザイナーの件で中国からメールさせていただいております。


現在、弊社では日本人のインテリアデザイナーを探しております。

これまで、デザイン力・ブランド力アップのため、現地デザイナーとは異なるセンスとクオリティを持った住宅インテリアデザイナーと提携したいと強く考えておりました。

そんな折、御社をネットで知り、思い切ってメールを差し上げた次第です。

成長中の中国ですが、北京や上海はすでに外資系企業で飽和状態となっています。高い品質を誇るとはいえ、多くの日本企業が苦戦を強いられているのが現状です。

しかしここ昆明では、内陸部ということもあり競争はそれほどでもありません。いわば「ブルーオーシャン」といえる状況です。

にもかかわらず「西部大開発」による大規模開発、内需拡大による「観光地としての発展」、ASEAN加盟による「東南アジアとの窓口」といった諸所の要因から、急激な勢いでこの街では開発が進んでおり、大きな機会が横たわっているように思われます。
このような外部環境をチャンスとするため、弊社では本年度より海外事業部を設立していま
す。
弊社といたしましては、日本の消費者の高度な要求に対応している御社のデザイナーを派遣
していただければと思う次第です。
待遇は決して良くないものの、将来的な戦略として中国市場を見据えていただき、進出の際
のパートナーとして弊社をご活用いただくことを前提に、武者修行がてら派遣していただけれ
ば幸甚と考えております。
はなはだ身勝手な申し出ではございますが、もしご興味がございましたら、あるいはご質問
等ございましたら、是非ともご返信のほど、よろしくお願いいたします。

果たして二件が興味を示してくれた。そしてそのうち一件が、実際に部下を派遣してくれることになった。作戦大成功である。

その一件こそ「山﨑健太郎デザインワークショップ」だった。その後いくつもの大きな賞を受賞することになる若手建築家、山﨑健太郎氏の率いるデザイン事務所である。

山﨑氏のウェブサイトを検索して彼の作品を見た。昆明の田舎くさいデザインばかり見ていた筆者には、まぶしすぎるほど美しいデザインの数々だった。大当たりだ、と思った。

山崎さんとその部下に会う

山崎さんからの初めてのメールが届いたのは一一月末だった。その後メールで何度かやり取りした後、部下である上野正明君が昆明に派遣されることになった。

上野君はまだ大学院生で、来春卒業の予定である。経験者の派遣が我々の希望だったため、経験的に十分なのかどうか、弘佳内部で事前に検討された。筆者は上野君を呼ぶべきだという立場で、「なぜなら上野君は大学院時代、山﨑さんの事務所でずっとアルバイトをしていたから、それなりに力もついているはずだろうし、彼の足りない部分はネット上で山﨑さんがフォローしてくれるという話だったから」と述べた。それに対し、会長や梁部長たちも特に大きな異論はなく「じゃあ、そうしようか」いう結論になった。我々には他の選択がなかったから、そもそも異論が出にくいのだった。

筆者は嬉しかった。なぜなら山﨑さんは日本でもトップクラスのセンスの持ち主に思え、そんな人が我々に関わってくれたら最高だと思ったからである。深津さんに山﨑さん……。筆者、いや弘佳にさらなる僥倖が舞い降りた気がした。一方で日本人がもう一人増えれば、求められる利益も増えてくる。その意味でのプレッシャーはさらに高まった。

部下の上野君は当時二四歳。経験の浅い若者がいきなり海外で仕事をするのだからさぞかし不安に思っているだろうと思い、翌二〇一一年一月、筆者が日本に帰省した際に直接会って説明することにした。

山﨑健太郎デザインワークショップは下北沢にあり、オフィスは新興ＩＴ企業と共同で使っている。このオフィスのインテリアデザインは山﨑さんが手掛けており、シンプルかつスマートな雰囲気。出迎えてくれた山﨑さんは、すでにネットで拝見していた通りのイケメンで、デザイナーらしくスタイリッシュ。それでいて謙虚の人だった。もう一人の上野君は物静かな感じで、常に微笑している。学生にありがちなトンガリはなく、むしろいまどきの「草食系男子」の風情だった。

メールでやり取りしてきたことを確認した後、本題に移った。上野君に「何か不安に思っていることはないですか」と尋ねると、「いいえ、特にないです」と答えた。「え？　色々あるでしょう？　何でもいいから率直に聞いてくださって結構ですよ」と言うと、それでも「いいえ、ないです」と答える。山﨑さんが苦笑して、「上野にこの話を振った時、彼は『はい、行きます』と即答したんですよ。まあ、意外にこいつはタフでして、徹夜の仕事でも文句も言わずにやってくれるんです。だからご心配ならずに」とフォローした。

仕方がないので、筆者自身が事前に想定していた質問に答える感じで説明することにした。まず衣食住の問題。服については、昆明は常春と言われるほど温暖な街なので、基本は軽装でＯＫ。ただし冬は東京より寒い日もあるので冬服も必要である。食は、中華料理ばかりなので飽きるし、衛生が良くないのでおなかを壊しやすい。ただ昆明は外国人が開いているカフェやレストランが結構あるので、西洋料理も日本料理も食べることはできる。

住については、イノマンと一緒に住むことになる。３ＬＤＫでネットもあるし、二人暮らしになってしまうがそれなりにいい環境だと思う。

言語も、王波という通訳がいるので問題ない。それから、昆明にはマクドナルドやケンタッキーはあるが、ユニクロもスターバックスも日本風のコンビニもない（当時）ので、日本の快適なライフスタイルを味わうことはできない……。

良い点もある。昆明には個人経営のカフェがたくさんあり、そこのほとんどが無料でＷＩＦＩが使える。通信速度は日本より遅いが、重い動画をダウンロードするとき以外は、ストレスなく使える……。

そのようなことを説明すると、上野君は「はい、分かりました」と言った。

続けて、仕事のことも説明した。昆明では日本と違って施工の職人のレベルが低く、デザイナーが細かい指示をしない限り、いいものができない。だから施工面での細かい知識が必要となる。

また、デザインセンスが日本から見ると遅れているように見える。おそらくクライアントの多くが成金趣味であるためであり、シンプルなデザインが主流の日本人にとっては、自分のセンスと顧客のセンスのすり合わせに困ることだろう。

ただし良いところもあって、日本では五年、一〇年と修行してからでないとできない仕事を、中国ではいきなり任せられることが多い。昆明に行けば上野君もそうなると思うが、若いうちに直接大きな仕事を手掛けるというのは、きっといい経験になるはずだ。

そう説明すると、上野君はあっさり「はい」と答えた。ヤキモキし出した山﨑さんが「お前は当事者なんだから、もっと聞くことあるだろう。何でもいいから遠慮なく聞きなさい」と言っても、「特にありません」と答えるばかり。

暖簾に腕押しといった体（てい）の上野君には拍子抜けさせられたが、とにかく大学院を卒業したらすぐに昆明に行くことで話がまとまった。また上野君が昆明に来る際は、山﨑さんも同行し、昆明の状況を把握してもらうことにした。

顧客に何を尋ねるべきか

二〇一一年四月一八日、山﨑さんと上野君が昆明にやって来た。山﨑さんは九泊一〇日という長い日程で滞在した。もちろん上野君はその後昆明に留まる。

山﨑さんが自ら一〇日も滞在することにした理由は、やはり上司として、若い上野君が昆明という地に定着できるかどうかを見極めるというのが一番大きかったと思う。一方の我々としては、今後山﨑さんに昆明の案件を頼むにあたり、全体の様子を事前に十分把握してもらいたいという思いがあった。

そこで山﨑さんに対する日程を、次のような流れにした。

一日目は到着。
二日目は昆明を知る。(昆明の主要エリアを視察)。
三日目はクライアントを知る。(高級別荘や高級デパートを視察)。
四日目は郊外を知る。(新都心である「呈貢」という街を視察)。
五日目は材料、家具を知る。(材料市場や家具のデパートを視察)。
六日目は交流会。(弘佳のデザイナーとの交流)。
七日目は自由行動。

八日目は施工を知る。（実際の施工現場を視察）。

九日目は営業を知る。（営業マンと同行する）。

一〇日目は出発。


という流れにした。

上野君には六日目までは宿泊先も含め山﨑さんと行動を共にしてもらい、七日目からは昆明の新しい住まいに移り、昆明での仕事に従事してもらうことにした。

厳粛な感じのスケジュールだが、実際にはイノマン、王波も加わって行動し、実に適当な毎日となった。午前中はダラダラし、お昼になって集合し食事をする。その後、王波が運転する社用車で適当にドライブし、適当な喫茶店を探してお茶を飲み、夕方になってそろそろ食事の時間、その後は酒を飲む、といった毎日である。

それでも山﨑さんは昆明の状況をだいたい把握してくれ、結果的には当初の目的を達成できた。それ以上に良かったのは、そんなダラけた時間の中で、お互いをよく知ることができたことである。すっかり打ち解けたのだ。

夜はなるべく静かなバーを選んで、みんなで様々な話をした。イノマンと王波は仕事をしなければならない日もあったのだが、筆者はほぼ毎晩山﨑さんと上野君に付き合った。そんなときは決まってデザインの話になった。知りたいことがゴマンとあったのである。山﨑さんは、人の話を聞くのがうまい。いちいち筆者の言葉に感心したように相槌を打ってくれるので、こちらもついつい流暢になってしまう。ある夜、昆明のデザインの方向性について話題になった。
「上海・北京では洗練されてきていますけど、昆明あたりの顧客（我々の顧客は大金持ちが主ですが）は、多くが成金趣味ですよ。つまり金ぴかなもの、あるいは欧米貴族的なものを好む傾向があります。我々日本人デザイナーに与えられたミッションは、彼らを啓蒙しつつ、より洗練されたデザインを伝えていくことだと思います。でも、クライアントの志向とあまりにかけ離れた提案は、拒絶されかねません。今後数年は折衷的なデザイン、つまり『洗練された金ぴか』を提案せざるを得ないと思います」。

山﨑さんのデザインは昆明の顧客からすると洗練しすぎている。現状ではその良さが伝わらない懸念があった。そのことを強調しておきたかったのだ。すると山﨑さんが、「そもそも、弘佳が洗練されたデザインを志向するようになったのはなぜですか」と尋ねた。
「発端は、梁部長がかつて日本に視察に行って、日本における同業のレベルが非常に高いのを『発見』したことにありますね。その発見は、施工技術や管理方法から始まり、そしてデザインに至ったというわけです。戦略的には『外国のもの』というだけで十分アピール力があります。昆明は全体的にデザインレベルが低い状態にとどまっていて、上海や北京と比べて外国人人材もほとんどいない状態です。それならば、いち早く『外国の先進性、技術性、洗練性』というものを実在の外国人とともにアピールしていけば、頭一つ突き抜けた存在になれるはずだという考えです。

ただ、この一年の経験として、『いきなりの先進性の提案は困難』という実感がありました。それなりの過渡期が必要だと思います。でも、出張や旅行で外国に行って、最新のデザインを実感する昆明人も少なくないから、数年後には上海や北京と同様なデザイン志向になると私は予想しています」と筆者は答えた。

「ところで」と続けた。この際、知りたいことを尋ねたかったのだ。「営業担当者向けにヒアリングシートを作りたいと考えているんです。この前、我々の部署の中国人デザイナーにその話をしたら、きっぱりと『無駄なことだ』と言われてしまいましたよ。山﨑さんはどう思いますか?」と言って、いつも持ち歩いているノートパソコンを開き、パワーポイントを山﨑さんに見せた。

「顧客ヒアリングシートの目的は、表向きは『顧客に良い提案をしたい』です。でも本当の目的は『作業効率を上げたい（無駄な提案を避けたい）』です」。

山﨑さんは「なるほど」と言った。筆者は説明を続けた。

「理想の提案の流れは、顧客の要望をよく把握し、それに基づきザックリとした提案を作る。それを顧客に見せて微調整を行い、平面図を制作する。それでOKなら、CGパースを作るという流れですね。しかし現状は、情報がないまま、とにかく平面図を作る。ひどい場合はCGパースも作ります。それを見た顧客は、理由はうまく言えないけど気に入らない。そして色々注文されて修正はするものの、結局失注してしまうパターンです」。

「だからどうにかして、事前に顧客の詳細な情報が欲しい。それがあれば、最初の提案はかなり顧客の理想に近づくわけですからね。でも、梁部長は情報を聞き出すことがまるでできない。では、そんな彼でも顧客の情報を聞き出してもらうためにはどうすればいいか。そのためには、的確な質問事項が書かれたヒアリングシートを作ればいいと考えたわけなんですよ。じゃあ、顧客に何を聞くべきか。中国人デザイナーは、商業施設は多様だから統一した質問はありえないと言っていたけど、私はあり得ると思う。ざっくりと言って、それは次のようなものです」。そう言って、パワーポイントのページをめくった。

「まず考えたのは、聞きたいことの本質は何かということです。商業施設だけじゃなく、あらゆるデザインの目的は何だろうということから考えたんですが、結局、デザインの目的を『顧客の夢を実現する』ということにすればいいんじゃないかと思ったんです」。

ふむふむ、と山﨑さんは真剣に聞いている。

「深津さんというホテルインテリアデザイナーは、『ビジネス的成功』がホテルデザインの本質と捉えています。確かに商業施設のデザインは、ビジネスの成功こそ顧客が最も求めることですよね。でも住宅はそうじゃない。ビジネスとは関係ないですからね。じゃあ、住宅でも商業施設でも成立するデザインの目的を一言で言うなら何かなと考えていたら、最終的に『夢の実現』じゃないのかなと思ったんですよ」。

山﨑さんはしばらく黙っていたので、筆者はドキドキした。真っ向から否定されるのではないかと恐れたのだ。

すると「素晴らしいですね」と、さも心から感心したように言った。これまでも、筆者が恐る恐る尋ねるたびに、山﨑さんは「いいでえすねぇ」、「素晴らしいですね」と言ってくれるのだった。

「まったくその通りだと思いますよ。私もお客さんとのコミュニケーションを大事にしてますよ。デザインを考える前に、何度もお客さんに会って何時間も話をします。最初は、デザインと全く無関係の話をすることが多いです。雑談ですよね。それを何回も繰り返すことで、やっとお客さんが本当に求めているものが分かってくるんです」。

それを聞いて筆者は、「ですよね！」とすっかり舞い上がってしまった。山崎さんはさらに付け足した。

「こんな経験があるんですよ。住宅のデザインをしたときのことです。デザインが完成して、みんなにお披露目する日がありますよね。そのときお施主さんが来訪者に、『これはこういう思いがあってこうしたんだ』と、さも自分がデザインしたように言っていたんです。それを見て、私は『勝ったな』と思いましたね。自分が考えたデザインが、もはやお客さんのものになったわけですよ。あの時は本当に嬉しかったな。そんなデザインこそ、最も理想的なんじゃないでしょうか」。

胸のつかえが取れた筆者は、深津さんに続き二人目のデザインの師匠に出会えたと、心強い思いだった。

なぜ雲南なのか

山﨑さんが昆明を去る日の前日、雲南のデザイン事情をもっと知りたいという山﨑さんの要望から、王波は「佳園装飾」のデザインリーダーだった孫（スン）さんのところにも連れて行った。かつて一緒に温泉ＳＰＡに行った女性である。現在は独立し、「大家・芸術・空間・設計」という名の、自分の設計事務所を構えていた。

訪れるとたまげた。そこは地上一階、地下一階の、延床面積九〇〇平米の一戸建ての建築で、安藤忠雄ばりのコンクリート打ちっぱなしである。

「彼女のお客さんが安く貸してくれたみたいだよ」と王波が耳打ちした。王波によると、このような豪華オフィスを構えたのには、富裕層顧客との打ち合わせに相応しい空間を演出するという狙いもあるようだ。

中に入ると、大きな空間に、雲南省や東南アジアを中心とした調度品が品良く並べられている。木材の家具類や観葉植物もコンクリートの背景とよくマッチしていた。事務所と言うより美術館だ。

山﨑さんも「すごいですね！　日本のトップクラスの建築家でもこんなオフィスは構えられないですよ」となった。

出迎えた孫さんがそれを聞いて、「そう言われると、申し訳ない気分になっちゃう」と苦笑した。彼女は快く事務所の中を案内してくれ、続いて自分の作品を紹介してくれた。

彼女のインテリアデザインを見ていると、昆明の金持ちが彼女のデザインを好むのが分かるような気がした。彼女は雲南の文化的要素を自分のデザインに取り込むのがうまい。正直言えばありていな手法に思えるものがあったりするが、それでも彼女独自の個性が光っている。

今はどうだか分からないが、少なくとも当時は、中国で「国学」が流行していた。欧米の流行や技術ばかり追いかけてきたこの国だが、一旦立ち止まって自分の足元を見直したいという気運が生じていたのである。雲南省に住む人々にとっては、中国文化のみならず、雲南の文化に注目する人々が少なくない。すでに定着している顧客の欧米風ライフスタイルを維持させながら、適度に中国あるいは雲南の文化的要素をインテリアデザインにちりばめる技術とセンスこそが、孫さんの人気の秘訣となっているようだった。

「どうですか、山﨑さん」と筆者が小声で尋ねると、「いや、すごくいいです。素晴らしいと思います」と山﨑さんは答えたが、「うーん」としきりに何かを考えているようだった。

その夜、いつものようにバーで酒を飲みながら、山﨑さんと今日行った孫さんのオフィスの話をした後、筆者は尋ねた。

「明日が最終日ですけど、どうでしたか、昆明は」。

「はい。だいたい分かりました。上野もイノマンさんと仲良くやれているみたいですし、今後もアイツのことよろしくお願いします」。

「もちろんですよ！　でも面白いもんですね。メールで偶然知り合ったみたいなものなのに、今ではこんな感じで一緒に昆明で酒を飲んでるなんて」。

「そうですね。でも今後が本番なんで、色々一緒にお仕事ができればと」。

ひとしきり酒を飲みながら、筆者は他に何か聞きたいことはないかと考えていた。

「そうだ。そもそも何で我々からのメールに興味を持ったんですか？」

メールした一〇〇件の中の二件から返信があったというエピソードは、すでに山﨑さんには伝えてあった。

「ははは。うーん、そうですね。まず、場所が雲南だったところですね」。

「どうしてですか」。

「いま、デザイナーにとって中国は主戦場です。だから中国という市場を無視するわけにはいかない。もうひとつ、今後の新しいデザインということを考えた場合、ヨーロッパでも日本でもなく、もっと周辺から生まれてくるんじゃないかなと思っていたんです。たとえば東南アジアとかですね。そう考えると、雲南ってちょうどいい場所にあるでしょう？」

「なるほど」。

「ジェフリー・バワってご存知ですか？　彼はスリランカの建築家なんですけど、彼はそんな場所でヨーロッパとは違うデザインを生み出したんですよね。だから、ひょっとしたら雲南あたりでもそんなものが生み出される可能性があるかもしれないと考えたんですよ」。

後にジェフリー・バワについて調べると、「アマンリゾート」に代表されるアジアン・リゾートのデザインの原型を作った人だということを知った。「インフィニティプール」もジェフリー・バワのアイデアだという。シンガポールのマリーナベイサンズの屋上のプールに見られるような、プールと海がつながっているように見えるプールである。

「そうだったのか……」と、山﨑さんの発想に驚いた。筆者も一応海外に居住しているので物事を俯瞰的に考える習慣があるほうだと思っていたが、ロマンチックでスケールの大きな話にうっとりしてしまった。

「ぜひ、それをやりましょう。いや、お手伝いさせてください」と言って、盃を傾けた。

山﨑さんをホテルに送って家に戻る途中、タクシーの車窓の見慣れたネオンたちを見ながら、今日の話を反芻していた。いつか雲南で、誰もが感心するようなデザインを我々の手で創造できたら、それに勝る幸福はない――。これが自分の夢ということか。このとき初めて夢らしいものを抱くことができたのだった。そしてそれは実現できるのではないかとも思った。いや、実現させる。そんな強い思いこそが大事なのだと、どこかの本に書いてあった気がする。

　夢と言えば、ヒアリングシートの話でも「夢」という言葉が出てきた。デザインで大切なことは『顧客の夢を実現する』ことだと自分で設定したのだった。ならば筆者の夢を実現するためにはどうすればいいか。自分は今後何をすべきか。弘佳という会社はどのようになるべきか。どこかの本によると、夢の実現には時間を設定することが大事だとも言っていた気がする。では五年後に必ず実現させると決めた場合、具体的に今後どういう流れでゴールを目指すべきか。

　バラバラになっていたブロックが一つ一つ組み上がっていくように、雑然と頭の中にあった諸問題が整理されていくのを感じた。しかし、それでもやはり漠然としたものしか浮かんでこない。明日またゆっくり考えようと思った。

第六章　大理

上野君＝イノマンというコンビ

上野君が我々のメンバーに加わった。薄暗い弘佳のオフィスは上野君を不安にさせるには十分の環境だっただろう。一方で王波も、若くてかつ中国での仕事が初めての上野君に一抹の不安があったようだ。もともと王波は人に物を教えるのが大好きなので、ホワイトボードを使って結構ノリノリでレクチャーを始めた。イノマンと筆者も同席した。

「上野さん、中国は日本と違いますから、次の二つに注意して仕事してくださいね。まず一つ目は……」と言って、ホワイトボードに書き込んだ。

1　真面目すぎると嫌われる
2　予定より変更が多い

上野君がキョトンとする一方で、イノマンは笑いながらも「なるほどね」と納得している。他の地域はどうだか分からないが、昆明の会社の社員は結構空気を読む。だいたいの社員が「仕事はほどほどにやる」といった中で、ひとり正論を吐いても疎まれるだけなのだ。周りを気にする、自分の意見を言わない、後で文句を言う……。これらは日本企業だけの特徴ではない。

弘佳内部には欠点がたくさんある。基本的なことさえできない人が多い。王波は日本帰りだから、そんなアラが一つ一つ目に付く。それを指摘し、改善しようと呼びかけても、耳を傾けてくれるどころか、かえって嫌われてしまうのだ。結局、良かれと思って行動した王波が孤立してしまいがちになる。昆明で仕事をしていく上野君も、今後「なんていいかげんなんだ」とか「絶対このようにしてください」などと言いたくなることがたくさん出てくるだろう。しかし、言いすぎるとブーメランのように自分に返ってくる。そのことを、自戒も込めて王波は警告しているのだった。

二つ目の「予定より変更が多い」は、中国語で言うと「計劃没有変化快」(変化より速い計画はない)となる。中国人は計画立てて物事を進めるのが下手だと言われているが、正確に言えば「変更があまりにも多いので計画しても無駄」なのである。計画に沿って仕事を進めるのに慣れた日本人にとっては耐えられない習慣だ。今後そのような局面が頻発するので、あらかじめ心の準備をしておいて欲しいということである。今考えてもシンプルかつ的確なアドバイスだったと思う。

王波の心配とは裏腹に、上野君は仕事に対して他者には甘く、自分には厳しい姿勢を貫いた。朝から晩まで仕事に熱中し、常に日本と同じクオリティでやり抜こうと努力していた。上野君が施す細かいところまでの配慮は、周りの中国人スタッフや顧客から「やっぱり日本人は細かいところまで考えてくれるんだね」と評価された。食事や住居などの生活環境に対しても文句を言うことがなかった。仕事の合間には中国語の勉強をして、あっという間にイノマンの中国語レベルを抜き去った。半年も経たずに、施工スタッフとの簡単なやり取りが通訳なしでできるほどまでになったのである。

ただし、コンセプトの策定や顧客の対応などはイノマンのほうがやはり手馴れており、その部分はイノマンに頼ることになった。一方のイノマンも、施工や材料の細かいことや図面描きなどで上野君に頼ることになったので、いいパートナー関係となった。

コンビによる最初の仕事は、昆明郊外にある分譲マンションのモデルルームのデザインだった。コンペなので受注できるかどうか分からなかったが、頑張って提案を作った。コンペは当選しなかったが、しかし、今見ても悪くない提案だったと思う。後で聞くとすでに受注者が決まっている出来レースだったようだ。

次の仕事も分譲マンションの案件で、こちらはショールームのインテリアデザインだった。これは受注できた。基本プランは認められ、その部分のフィーの入金も済ませた。順調に推移していたのだが、未完成だった施工図面をうっかり手渡した途端、入金が止まってしまった。その施工図面を頼りに、先方みずから施工を始めてしまったのである。これ以上設計料を支払うのが嫌だったらしい。イノマンは入金が途絶えたことに憤慨したが、上野君は完成された施工図が渡せなかったことを残念がった。

数か月後、出来上がった現場を見に行くと、予想よりかなり適当な仕上がりとなっていたものの、彼らのデザイン自体はきちんと踏襲されていたので筆者は嬉しかった。しかし上野君は収まりや施工の詰めが甘いと地団駄を踏んだ。

上野君とイノマンの修業時代

夏に入ると、以前話のあった弘佳の会長が投資する大理のホテルプロジェクトが発動した。もともと大きな敷地と小さな敷地の二か所をホテルにする話だったが、結局小さな敷地しか政府から譲渡されなかったので、そこだけにプチホテルのようなホテルを建てる話に変わった。

事前に話をしてくれればいいものを、なぜか建築はすでに建設中だった。建築と内装を同時に構想したほうが、いいホテルになるのは明白である。しかし今となってはインテリアデザインの仕事が残るだけだった。会長は、日本人デザイナーがすでに二人いるのだからと、深津さんには基本プランだけを作ってもらい、細かいところはイノマンと上野君がやるように命じた。

基本プランに沿って図面を引くと、矛盾する箇所がいくつも出てくる。それを一つ一つ解決していくのがイノマンと上野君の主な役割である。その後も、どんな材料や器具を使うのか、水道や電気の配置をどうするのかも決めていかなければならない。

イノマンと上野コンビの独断では決められない、デザインの根幹にかかわる問題も多い。どうしても解決できないときだけ深津さんにメールで相談するという流れで進めていった。しかし、深津さんは放置プレイのように質問の返信が遅れることが度々だったので、仕方なく頭を振り絞って彼ら自身が決断していった。この場合、深津さんには事後報告でOKをもらうことになった。彼らの実力を超えた、かなり高度な仕事である。結果として「放任主義による育成」となり、二人にとってその後の大きな糧となった。

同時にその頃、新紀元ホテルの改修の話が飛び込んできた。昆明の中心街「南屏街」の、そのさらにど真ん中にある四つ星ホテル「新紀元大酒店」である。このホテルは、深津さんが初めて昆明を訪れた際に提案を作ってくれたホテルだ。

ずっと放置していたこの案件の話が急に浮上したのは、弘佳の会長がこのホテルの上層部と大きなコネを作ることができたからである。「かなり確度が高いから、ぜひ詳細な提案を出して欲しい」。会長にそう言われたので、筆者は深津さんに連絡してその旨を伝えた。しかし深津さんは当時、日本の仕事がかなり忙しく、臨機応変に動いてくれそうにもなかった。また、お金を払わずにそこまでやってもらうのも、すでにかなり心苦しかった。そこでこの件も、イノマンと上野君が深津さんの仕事を全面的にフォローすることになった。

王波と筆者も必死に動いた。今回はホテルの様々な人々にインタビューし、顧客の深いニーズを探った。そして最終的に絞られたイシューは、ファサード（外観）とロビー動線の二点だった。これらの部分で圧倒的な解決策を提示できれば、顧客は提案に大きな興味を抱いてくれるはずだ。

またこのクライアントは保守的な企業体質があり、実績を重視している。この点について王波は、「深津さんについては海外での実績をたくさん見せつければ問題ない。むしろ弘佳のほうが問題だ」と言う。かつてホテル敷地内のミュージアムのデザイン提案をした際もそこがネックになったのだが、弘佳は住宅設計施工の面では実績があるものの、商業施設の設計施工に関しては実績が薄い。むしろ住宅専門の小規模工務店だと思われているかもしれない。「町の工務店ふぜいに大型ホテルのデザインなどできるのか？」という懸念を持たれるのが一番の不安材料なのだ。

そこで王波と筆者は、グローバルな観点でいくつかのデザイン事務所（たとえばアメリカのホテルデザイン会社の大手HBA、中国大手、昆明大手）と比較しても我々が優位にあることを示す資料を一生懸命作った。

ファサードについては深津さんに数案のスケッチを描いてもらった。ロビー動線に関してはイノマンと上野君が何度も現場に行って解決策を練ってもらった。最終的に二つの解決案を作ったのだが、これ以上ないと言えるほどよく練られた良案となった。

そんな状況の中、新たに別荘とフィットネスジムのインテリアデザインの仕事も入って来た。もはやイノマンと上野君の二人だけではこなしきれない状況である。

昼間なのに薄暗いオフィスの中で黙々と仕事をしている二人を見ながら、「もう一人、日本のデザイナーが必要だね」と王波がつぶやいた。すると、「そうしようよ！　またメール攻撃しよう」とイノマンが乗ってきた。「じゃあ、上にそう伝えますよ」と王波が応えた。筆者は内心で「大した利益も上がっていないのに……」と思ったのだが、数日してから「会長と梁部長に言いましたよ。もう一人呼んでいいそうです。また日本にメールを出しましょう」と能天気な王波が筆者に言った。

照明問題

話は変わるが、筆者が昆明に来たばかりのころ、街を見てまず感じたのは「暗さ」だった。「昆明では店舗の差別化は簡単だ。店内や店外照明を明るくすれば良い。なぜなら他店はみんな薄暗いから」と思った。事例を挙げるとこんな感じである。

事例1：昆明の夜、とりわけ目立つのは病院だった。タクシーを走らせていて「盛り場かな？」と思うとたいてい病院である。その派手な照明はまるでパチンコ店のようだ。
事例2：弘佳のオフィスも、昼間は暗い。人がいないところは照明を消しており、まるで省エネを奨励する日本のメーカー企業のオフィスのようだ。
事例3：庶民的なギョーザ屋で夕食をとったとき、日が暮れてきたので電気のスイッチを勝手に自分で付けると、店のおばちゃんが「まだ明るいでしょう？」と消されてしまった。

要するに、昼間も店の奥が薄暗いところが多く、全体的に貧乏くさい感じ。デパートすらやや暗い印象で、東日本大震災直後の東京のデパートみたいな照度である。だから、もしキラキラ輝く店があったら人が集まってくるだろうと考えたのだ。しかし、本当にそうなのだろうか。昆明に来てから数年経ち、依然として照明の明るい店が増えない現況をみて、ちょっと疑問に思い始めた。そもそもなぜ昆明では、照明が暗いのだろうか。当時、いくつか想定される理由を考えた。

1　電気代が高いから。
確かに、感覚的には日本より高い。その分、節約したい気持ちは多いのだろう。病院が夜も煌々と輝いているのは、彼らが金持ちだからかもしれない。一方、ギョーザ屋が電気を付けたがらないのは、節約意識の表れなのかもしれない。

2　省エネ意識があるから。
最近は中国でも省エネ意識が高まっているから、そういう傾向もあるかもしれない。しかし店舗運営をする人なら、ド素人を除いて「省エネのために電気を消す」という発想はしないはずだ。
3　照度感覚には文化差があるから（暗いのが日本人ほど気にならない）。
夜、明るい電球に虫が集まってくるように、明るい場所にも人が集まるという説がある一方、ホテルのロビーやスタバのようなカフェでは照明を下げている。利用空間によって適正照度があるように、文化によっても心地よさを感じる適正照度があるのかもしれない。
4　照度感覚には時差があるから（日本も昔は暗い店が多かった）。
モダニティ（近代化）の軌道に乗っかった都市／国家においては、生活が豊かになるほど、あるいは近代化が進むほど、照度が明るくなっていくという考え方である。日本だって三〇年前は暗かった。震災後、省エネ都市となった当時の東京では、その暗さを「懐かしい」と感じる人が少なくなかったそうだ。筆者が子供のころ、商店街のお店は確かに暗かった。
5　「演出としての照明」をまだ理解していないから。
上の4と関連するが、日本において照度がどんどん上がっていったのは、照明を演出として強く考える店舗経営者が増えてきたことも大きな要因のひとつだったのかも知れない。転機となったのはおそらくコンビニである。「深夜に明るいコンビニを見るとホッとする感覚」を消費者に与えたことは、多くの経営者のヒントとなったことだろう。昆明の店舗経営者は、まだそれに気づいていないのかもしれない。

このように昆明の照明問題について色々考えていたのだが、これを王波に話すと、「昆明の照明は今後絶対明るくなるよ。単に田舎なだけだよ！」とバッサリ切り捨てられた。そのバッサリ具合に妙に納得してしまった筆者は、照明問題についてこれ以上深く考えるのをやめることにした。

ちなみにこの頃、つまり二〇一一年、五月にスターバックス昆明一号店がオープン。二〇一五年現在で知っているだけでも一二店舗に増えている。同じ頃、iPhoneの流行によってアップルストアを真似たアップル販売店が増殖し、七月には「偽アップルストア、昆明に現る」として世界的に報道された。翌二〇一二年三月に無印良品がオープンし、四月にはユニクロが続いた。

これらにより、昆明の店舗デザインは徐々に「シンプル／スマート」なものを取り入れるようになってきた。また、照明を明るくする店舗も増えてきた気がする。

弘佳の競合企業で、かつて王波と梁部長が働いていた「佳園」ではこの時期、支店の一つをアップルストアばりのシンプルなデザインに改装している。

ところがこの支店、スマート感がない。なぜだろうとよく観察して気が付いた。施工の仕上がりの荒さ。ダラダラとした印象のスタッフ。無意味な観葉植物……。シンプルなデザインは、細部へのこだわりがなければ安っぽい空間に堕してしまうのだ。

それは無印良品を見に行ったときにも感じたことだ。店舗が日本同様のデザインと施工レベルだったのには感心させられたが、それ以上に感銘を受けたのはオペレーションである。店舗には客がたくさんいるが、商品は散らかることなく常に整頓されており、一本筋の通った緊張感が張りつめている。今の昆明でこんな店はなかなかお目にかかれない。

一方、無印良品の隣にあるH&Mは違った。確かに無印同様にシンプルな店舗である。しかし、服をあさる客にめちゃくちゃにされた商品がそのまま放置されており、その結果、安っぽい店に成り下がっていた。

昆明において無印良品のブランド力はH&Mと同レベルだろうし、施工費用もそんなに差はないはずである。しかしこうして並べて見ると、圧倒的に無印のほうに高級感が漂っている。シンプルなデザインは、周到なオペレーションがあって初めて輝く。それを、ここでも実感したのだった。

逆に言えば、これまで昆明で派手なデザインが流行ってきたのは、施工力やオペレーション力が弱かったせいなのかもしれない。

ともあれ、そんな変化がありつつも、我々の顧客にシンプルでクールなデザインを好む人は依然として少数だった。しかし、二〇一三年以降は着実に増えているのを実感することになる。もちろん、我々にとっては追い風である。

深津さんの講演会

新紀元大酒店への提案がまとまった。初期提案にしてはかなり詳細な提案である。

提案の日、「これも加えれば？」と筆者は王波に紙を渡した。以前、天恒ホテルの提案をした際に、深津さんが書いたものとして筆者が作成した「『〝化外之地〟雲南』に残された良好な中華文明を表現する」という手紙である。もちろん、「天恒ホテル」と書いてあったのを「新紀元大酒店」に直してある。

それを改めて読んだ王波は、「いいですね！　会長にも見せてくるよ」と、前回とは別人のように評価が高い。会長も「さすが日本人はやることがシャレてるね」と言い、封筒に入れて手渡すように命じた。

数日後。失注したという情報が入ってきた。筆者は慣れっこになっていたので「またか」と思ったが、イノマンや上野君は必死に仕事をしてきただけにショックは大きかった。いつものように酒を飲んで憂さを晴らしてもらうしかなかった。

「会長がテッパンだって言ってたのに」とイノマン。

「なんか、会長の友だちという人が突然グループ企業の副社長に出世したから、その人はホテルに関与できなくなったらしいです」と王波。

「そんな話ばっかりだな。会長も頼りねえな。何とかしてくれよ、王波」とイノマン。

「ボクは、弘佳に問題があると思う。住宅施工会社というイメージがあるから、高級な仕事が取りにくい。デザイン部門を分離させて、独立したデザイン会社を作ったほうがいいだと思う」と王波。無口な上野君は、微笑しながら黙って話を聞いていた。

実のところ、失注した理由は今でもよく分からない。我々の提案に魅力がなかったためかもしれないし、他のコネのほうが強力だったためかもしれない。ちなみに、その後このホテルで改修工事が始まったという話が聞こえてくることはなかった。

それから数日して、弘佳の会長がイノマンのところにやってきた。意見を聞かせて欲しいと言う。会長が言うには、弘佳のオフィスを移転することになり、複数の弘佳デザイナーに新オフィスのインテリアデザインの提案をさせたが、納得がいかない。改善点を示してくれという頼みだった。

そこでイノマンは、社内デザイナーが出した複数の提案の中でもっともマシだと思われるものをチェックし、いくつかの問題点を指摘した。それを聞いた会長は、「じゃあ、井上先生がデザインしてください」と命じた。

それを聞いた筆者は、ホテルが失注してしまったことのお詫びとして我々に仕事を回してくれたのだろうと思った。一方、イノマンは「また仕事が増えた！」と悲鳴をあげた。後年、その理由を会長に尋ねたことがある。イノマンに仕事を振った理由は、その指摘が的を射ていたためだったそうだ。

同じ頃、つまり二〇一一年一〇月、深津さんが上海出張のついでに昆明にやって来た。大理ホテルの現場チェックが目的だが、この機に筆者は、雲南大学で深津さんに講演をやってもらおうと画策した。日本語科の学生と、デザイン科の学生が対象である。大学の教師陣に働きかけた結果、雲南大学以外に、雲南師範大学や雲南大学滇池学院（雲南大学の分校）でも講演することになった。

あらかじめ深津さんには講演に当たっての要望を伝えてあった。

「日本語科の学生に伝えていただきたいことは二つ。一つは、外国語を勉強することで身に付くであろう『相対的に物事を見る』という感性の大切さについて。二つ目は、日本と中国をまたいでビジネスをすることの楽しさと大変さ」。

雲南大学の日本語科学生を前にして深津さんは、とても楽しそうだった。日本でも大学で講座を持っているだけに、手慣れたものである。学生たちも興味津々だ。インテリアデザイナーは、中国でもちょっとカッコいい職業なのである。

講演で深津さんは、日本と中国のセンスの違いから生じる衝突を例に、中国のデザイン業務の大変さと面白さを分かりやすく説明した。

強く印象に残っているのは、色を使ったたとえ話である。

中国人は「金色」が好きだ。一方、日本人は「銀色」が好きである。そのような志向の違いから生じる矛盾の中で、デザイナーはどう仕事していくのか。

つまり中国でインテリアデザインをする場合、中国人は金色が好きだからと金色のデザインをするべきだろうか。それとも、デザイナーは日本人なのだからやはり銀色のデザインをするべきなのか、という問いかけである。

もし金色のデザインをするというのなら、そのデザインに慣れている当地のデザイナーにはかなわないだろう。日本人がデザインする意味がなくなってしまう。逆に、銀色のデザインをするとどうか。銀色は中国では好まれないのだからこれもダメである。では、どうするべきなのか。

優れたデザイナーなら、第三の道を選ぶ。つまり両者が共に納得する色、たとえば「シャンペン色」を提案するのだ。

このたとえ話を踏まえ深津さんは、「異文化間で仕事をしていると、従来になかったものが生まれる可能性が高い。大変なこともあるし、喧嘩したりすることもあるが、とてもエキサイティング。君たちも日本語を勉強して、日本文化を学んで、第三の視点を身に付け、面白い仕事ができるようになってください」と結んだ。

筆者が想像していた以上の素晴らしい内容だった。その後筆者は大学で日本語を教えるとき、「日本語の勉強は手段であって目的ではない。目的は相対的に自国を捉える視点を身に付けることであり、第三の視点を獲得することだ」と主張し、深津さんのたとえ話を繰り返すようになった。

二年後にアップルのiPhone 5sが発売された際、カラーバリエーションにゴールドが加わったが、この色は中国市場向けに作られたのだと噂された。実物を見た筆者は、「なるほど、金色じゃなくてシャンペン色だ」と思った。

続いて雲南大学のデザイン科でも講演が行われた。かつて聞一多という著名文学者が講演した由緒正しい講堂で行われたのだが、満席になるほどの盛況だった。企画者としては鼻が高い。学生のみならず、地元のインテリアデザイナーが前の席を陣取り、睨みつけるように聴講していた。講演内容はホテルデザインの方法について。自身の作品をプロジェクターで投射させながら説明していった。

講演後は地元のデザイナーたちが握手を求めてきたほか、学生たちが群がってきて、パソコンに入っている作品資料をせがむ光景が見られた。深津さんは気前よく学生たちにコピーさせていた。後で同業他社のデザイナーからも「深津さんの講演会を見に行ったよ」と言われた。

講演を済ませた深津さんは、すぐにイノマンや上野君たちと大理に向かい、現場チェックを行った。そして足早に上海、そして東京へ戻って行った。

山﨑さんの雲南再訪

一一月になると、山﨑さんも昆明にやって来た。上海出張があったので、ついでに上野君の様子を見に来たのだ。また、雲南文化をもっとよく知るため、大理あたりも視察しておきたいという話だった。「大理に行かれるのでしたら、双廊がおすすめですよ。我々のホテルも工事中です」と事前にメールで伝えると、「ではそこに行ってみます」との返信があった。

本当だったら、山﨑さんの昆明再訪までに山﨑さんにぴったりの仕事を探しておきたかった。王波にも「山﨑さんに相応しい仕事の依頼はないかな」と以前からせっついてきたのだが、「山﨑さんのデザインはクールすぎる。昆明のお客さんは田舎者ばっかりだからさ、とにかく豪華でインパクトのあるデザインばかり求める。だから難しいよ」と言われるばかりだった。昆明でデザインの潮流が変わってきているのを実感しつつあった筆者は、「もしかしたら、弘佳にやってくるお客さんがちょっと偏っているのかな」とも思った。

山﨑さんが昆明にやって来た頃、上野君とイノマンは弘佳の新オフィスの仕事に追われていた。筆者と王波も別件に追われ、ゆっくり話す時間ができたのは、山﨑さんが一人で大理に向かい、予定通り双廊に二日間滞在して昆明に戻って来てからだった。いつものように静かなバーで酒を飲みながら、山﨑さんに尋ねた。

「大理はどうでしたか?」

「いやぁ、とても勉強になりました」。

「勉強?」

「いま、デザインを通じてコミュニティを活性化させる仕事をしてましてね。そのことを考える上でとても勉強になりましたよ」。

「そうだったんですか」。

「麗江とか大理とか、自然や少数民族の文化を観光資源にして町おこししていますよね。でも、観光客が押し寄せた結果、汚染やら何やらで観光資源の価値が下がって、結局廃れていってしまう……。世界では、そういうのが繰り返されているような気がします」。

「ああ、昆明の人もよく言いますよ。麗江は観光地として商業化しているから趣きがなくなったって」。

「そうです、そうです。素朴な生活が売りだった少数民族の人たちが、現代化された生活をしていて観光客が白けてしまったり」。

「でも、だからと言って少数民族の人を責められないし、観光地化することだって責められないと思いますよ。彼らにとって、お金持ちになることや現代的になることが幸せだと思ったからそうしているのかも知れないし」。

「そうそう。私もそう思います。だからこそ、最もいいカタチの観光開発って何だろうと、以前から考えていたんです」。

「ああ、だから雲南観光を？」

「まあ、そんな感じですね。特に双廊って、観光地化される直前の状態ですよね。だからとても興味深かった。住んでいる人もまだ、自分が観光地に暮らしているという自覚がない人が多そうでした。双廊では、何時間も椅子に座ってそんな考え事をしていました」。

筆者は、コミュニティデザインについてのプロジェクト資料を山崎さんに見せてもらった。以前山崎さんと「デザインの本質は顧客の夢の実現」ではないかという話をしたが、このプランもまた「住民の幸福とは何か」を起点に考えられていた。デザインは、建築やインテリア、プロダクトだけでなく、物事全般に使える手法なのだ。

山﨑さんが東京に帰ってからすぐ、ＪＲ九州の鉄道車両デザインで有名な工業デザイナー、水戸岡鋭治氏のインタビュー記事を読んだ。

「若い時は、『美しいものをつくること』がデザインだと思っていました。でも、いつしか『デザインは自分の思いを表現するものではない』ということに気づきました。デザイナーは代行業。利用者の思いを、お金をもらって表現する。利用者に、笑顔と笑いを提供することが、一番必要なんだと感じています」（『週刊エコノミスト』二〇一一年一一月一五日号）。

これを読んで、深津さんや山﨑さんが考えていることはトップレベルの発想だということを再認識した。その後、クリエーティブディレクターの佐藤可士和氏も同様の考えであることを知った。ド素人の自分が昆明という片田舎でやっていることが、実はデザインの最前線と並んだものなのかもしれない。そう思うと、自信が深まった。

弘佳新オフィスのデザイン

会長が不満だという新オフィスの提案を見せてもらった。弘佳社内の中国人デザイナーが作ったものである。提案はコンセプトとＣＧパースで構成されている。ＣＧパースをまず見ると、とても美しく独創的ではあるものの、どこかのスパ、あるいは会員制クラブみたいなデザインだった。

コンセプト案を見ると、最初に「新オフィスの意義」という項目があって、「会社の実力を示す、顧客を選ぶ、会社の発展を示す」としている。これはいいのだが、次が「インスピレーション」という項目で、「水」となっている。水は気体、液体、固体に変化する。この特徴をデザインに込めていくというわけだ。しかし、なぜ突然「水」が出てくるのか、その理由が全く示されていない。

なるほど、この提案に会長がピンとこないのもうなずける。このデザインでは、弘佳のオフィスとして採用する必然性が感じられない。イノマンは、そんなことを会長に指摘するとともに、動線をスタッフ動線と客動線に分けるべきだなどと提案した。

すると会長は、イノマンにこのオフィスをデザインしてくれと命じてきたのである。

筆者はイノマンのコンセプト作りを常に手伝うようになっていたが、ここでは本格的に関与した。「最初は世間話でもいいから、顧客とじっくり話をして真の要望をつかむ」という山﨑さんの方法論を踏まえ、筆者も会長にじっくりと話を聞くことにした。

ざっくばらんとした場で何時間もかけて聞いた会長の話をまとめると、会社の理念と風格が来店客に伝わると同時に、理念と経営戦略がスタッフに浸透するようなデザインが求められていることが分かった。

弘佳の理念とは「徳」、「顧客志向」、「イノベーション」の三つである。徳というのは、要するに道徳的であれということである。顧客志向は、文字通りの意味である。イノベーションは、デザインのオリジナリティという意味だ。

弘佳の戦略とは「国際標準」である。デザインにせよ施工にせよサービスにせよ、昆明基準でなくグローバルスタンダードで顧客に提供していくということである。

では、具体的にどうデザインに落とし込んでいくか。イノマンと上野君を加えて三人で、図面を引きながらああでもない、こうでもないと議論を重ねていった。

その結果、基本コンセプト案が出来上がった。デザインコンセプトは「エアポート」である。かつて弘佳の中国人デザイナーが「水」と定義したものにあたる。「水」の提案とは違って我々の案はたっぷりとそのコンセプトに至った経緯が示されている。会長に見せると好評だったため、CGパースを作ることにした。

ところが、できたCGパースの評判が、中国人スタッフの間ですこぶる良くない。シンプルすぎるというのだ。「こんなの、誰でも考え付くよ」といったネガティブな意見が社内中に広がった。まあ、日本人デザイナーが中国人デザイナーの提案にダメ出しし、しかも横取りしたのだから、好意的に見てくれる人が少ないのもうなずける。しかし、もう少し派手にしたほうがいいのかも知れない。

いずれにせよ、明日が会長に見せる日である。すでに修正はきかない。うまい言い訳はないものか。苦しまぎれに、「これは五年後、一〇年後を見据えた未来のデザイン。オフィスと言うのは会社の未来を見通して作るもの。今すぐに理解されるようなものよりも、数年経って理解されるようなデザインのほうがむしろ理想的だ。だからこそ、敢えてこんなデザインにしました」とでも言ってお茶を濁そうと、寝る前に思った。

しかし翌朝起きて改めて考えると、言い訳にしようと思っていた言葉が、極めて正しいことを言っているのではないかと思い直した。

だから会長の前でプレゼンするときは、自信満々に同じことを言った。すると会長は「素晴らしい。じゃあ、この方向で」とあっさり言った。

プレゼン室を出る前に会長が、「あそうだ、一月にはオープンするから、すぐに施工を始めますよ。急いで施工図面も作ってくださいい」と言った。それを聞いてイノマンは青ざめた。二〇〇〇平米のプロジェクトなのに、二カ月もないからだ。

翌日からイノマンと上野君はこの仕事にかかりっきりになった。基本図面も仕上がらないうちに施工部の人がやって来て、部分的でいいから施工図面を寄こせと言う。しかたがないので、基本図面を作る一方で、施工図面を部分的に作って少しずつ渡していく仕事のスタイルとなった。一二月と一月は、机とパソコンを現場に持ち込み、ホコリ臭い場所で仕事するハメになった。現場にいれば、施工スタッフの知りたいことにすぐ対応できるので進行を早めることができ、間違いも少なくなるからだ。王波がイノマンたちと施工スタッフの間を行ったり来たりして、コミュニケーションを潤滑にしていた。この時の彼らは確かに大変だったろうが、筆者には彼らがとても輝いて見えた。

デザイナー、李宣怡さんとの出会い

この頃、山﨑さんを捕まえたときと同様の手法で日本のデザイン事務所へ大量にメールを出していた。今回は送信数が多かったこともあって七件ほど「興味がある」との返信が届いた。そのほとんどが、「スタッフの派遣は無理だが、プロジェクトがあれば協力してもよい」との内容だった。

筆者は二〇一二年の一月に帰省したおり、「興味がある」人のうち東京を拠点とするデザイナーに会ってみた。その全てのデザイナーが、知的で面白く、人懐っこい人々だった。そのうちの一人が、李宣怡（イ・ソンイ）さんである。

李さんは韓国籍だが、日本でデザインを学び、仕事をし、結婚し、子育てしてきた。だから彼女のデザイン感覚は極めて日本的である。もちろん日本語も普通に話すことができる。二〇〇七年に独立して自分の事務所「FRAMEWORKS」を立ち上げるまでは、商業施設設計に強い「アルテリア」社で働いていた。現在は、ユニクロや韓国ブランドなどの店舗設計や百貨店開発などに携わっている。「FRAMEWORKS」は韓国にも支社があり、韓国でのプロジェクトを抱えているほか、中国でもいくつかの案件に関わっている。

最初に筆者が彼女に惹かれた理由は、そのデザインというよりも国籍だった。弘佳は今後、国際標準で行くという。ならば、日本人だけでなく他の国のデザイナーもいればもっといいだろう。李さんが我々のチームに加わってくれれば、国際色が豊かになる。そう考えていたのだ。

実際に彼女と会ってみると、一流のデザイン仕事以上に、その人間性に惹かれた。とにかく明るく、前向き。そして女性的な包容力が極めて強かった。彼女の事務所で働くスタッフには若い韓国人がいたり中国人がいたりしたが、李さんが彼らを採用したのは、実力というよりも「大変そうだったから」というものである。

「私も苦労したから、分かるのよね、大変なこと。だからできるだけ助けてあげたくって」と言う。

「そうですか。すばらしいですね」と筆者が頷くと、「あなただって、外国で大変そうだから、助けてあげたくなったのよ」とケラケラ笑った。

その言葉にのって、「では、誰かスタッフを派遣していただけますか」と頼むと、「まあ、そうしてあげたいのは山々なんですけど、現状はちょっとね……。とりあえずは、小さな案件でもいいから、まずは一緒に仕事をしてみるというのはどうですか？　テスト的にとにかくやってみると、いい点も課題点も見えてきますから」と答えた後、「でもあなたも、中国で大変ね。昔を思い出しますよ」と話を戻した。

「まあ、私は他にも仲間がいますから……。李さんは日本でそんな大変だったんですか？」

「仕事を始めたころはやっぱり大変でしたよ。言葉も今ほど分からなかったし、毎日泣いてばかりで」。

「そうでしたか」。日本のデザイン業界で李さんは、いくつかのディスアドバンテージを抱えてきた。ひとつは外国人であること。言語や文化の壁である。さらに女性であること。デザイン業界は男性社会なのだ。加えて、結婚して子育てをしなければならなくなったこと。昼も夜もないこの業界で、それらを抱えながらここまで来たのである。

「でも、おかげで基本はしっかり身に付けることができましたね」。

「ところで李さんの会社は韓国にも事務所がありますね。今後はやはり韓国、中国といった感じで広げていくんですか」。

「そうですね。ユニクロさんが韓国に進出するとき、色々お手伝いできたのがきっかけで。韓国は日本よりデザインや施工の面で遅れているから、その意味で私たちが発展できる可能性があると思います。中国はもっと遅れているみたいですね。北京でテナントのデザインをしたことがあるけど、やっぱり遅れている感じがしました。昆明はどんな感じなの？」

「それは北京以上だと思いますよ。ところで今の話を聞いていると、デザインとか施工とかって、東アジアで時差があるみたいですね」。

「それはそうよ。韓国のデザインとか商業施設って、全部日本の後追いよ。だから韓国ではコンサルみたいなこともやってます」。

面白いと思った。東アジアのデザイン状況を弘佳のスタッフに伝えるには、韓国籍の李さんが適任ではないだろうか。筆者は、デザインを含む文化に対して「遅れている、進んでいる」なんて決めつけるのは良くないことだと常々自分に言い聞かせてはきたものの、そう言わないと説明しにくい状況に数多く直面してきたのも事実。ここは誰かにきっぱり「遅れている」と言ってもらいたい、そんな気持ちもあったのだった。

「李さん、今度観光がてら、昆明に遊びに来てくれませんか。上海から昆明までの往復の飛行機代と宿泊費ぐらいなら会社に出してもらえるようにします。そして、今の話を弘佳のスタッフの前で講演してください」。

「観光か。いいわ、考えておきます」。

新オフィスがオープン

二〇一二年早春。春節が明けると、帰省していたスタッフたちがぞろぞろと会社に戻って来る。それに合わせて、弘佳の新オフィスもオープンした。実際は工事が終わっていない場所も多かったので、プレオープンと言ったほうがいいだろう。

スタッフの中で、オフィスの評判は相変わらず良くなかった。王波も、「こっちの人はシンプルなのが好きじゃないから。社内のトップデザイナーたちも鼻で笑っている感じですよ。やっぱり、もっと派手にすべきだった」と筆者につぶやく。

心配になった筆者は翌日、会長のところに行って感想を聞いてみた。すると、意外なことにその評価はすこぶる高いものだった。

「彼らはまだこのデザインの良さが分かっていないんだよ。私はこのデザインには魂があると思っている。昨日、私のお客さんが何人かお祝いで来たけど、彼らもすごく褒めていたよ。『自分の会社のオフィスを改修するときはぜひお宅に頼みたい』と言われたし、他のお客さんはトイレが綺麗なのを見て、『うちの家の内装はあなたの会社に任せることに決めた。トイレみたいな細かい部分がちゃんと作れる会社は、全体もきちんと作れるはずだから』と言っていた。レベルの高い人たちは、このオフィスの良さをちゃんと理解してくれているよ」。

それを聞いてホッとした。会長はどうやら、まるで自分がデザインしたかのように来客者にオフィスのことを説明しているようだ。初めて、我々が山﨑さんの仕事に近いことをしているのを実感した。ちなみにこの一年後、会長の奥さんで弘佳の総経理である周さんがつぶやいた言葉が今でも忘れられない。彼女はこう言ったのだ。

「一年前より、今のほうがこのオフィスのことが好きになってる」。

このオフィスのデザインは、会長、そして奥さんの思いを体現することを目指して作られた。だから、彼らが好きになってくれれば一応成功と言える。一方、オフィスはそこで働く人が主役なのだから、彼らが気に入ってくれなければ大成功とは言えない。いや、気に入らなくてもいい。会長の思いが、ここで働くうちに体感するようになればいい。だがどうやら現状は違うようだ。

ただし、今はまだ分からない。もし彼らが数年後、改めてこのオフィスを見たとき「好きだ」と思ったり、会社の望むようなスタッフに成長させることができていたなら、我々の勝ちである。

また、「シンプルなデザインは、周到なオペレーションがあって初めて輝く」。スタッフたちの動きが雑だったり、彼らが空間を汚したりすれば、このオフィスは安っぽい空間に成り下がってしまう。そのおかげで来店客は、このデザインを本来の意図とは逆にとらえてしまうだろう。だから、この機にスタッフ教育というものが必要なのではないか。

会長と話をしたついでにそのような意見も言うと、会長は「まさにその通り。新しいオフィスができたのを機に、組織の意識も変えていくつもりだ。最初は礼儀作法を変えていきたい。今度社員を集めて発起大会をするから、君が礼儀作法についてのレクチャーをしてくれ」。

「私が？」

「会社の今後の方針について、一番良く知っているのは君だからね」。

確かに、このオフィスを作るにあたって会長に長く話を聞いてきただけに、弘佳の理念や今後の経営戦略に関しては、幹部よりも詳しくなっているのかも知れなかった。筆者としては、とにかくオフィスのデザインに見合った振る舞いを弘佳のスタッフにしてもらいたかったので、申し出を受けることにした。

一か月後、決起大会が行われた。あるホテルの、立派な演壇のある大会議室に一五〇名の社員が集まった。最初に周総経理、つまり奥さんの挨拶があり、次に昨年度の営業報告が各部門の責任者から発表された。そして筆者の番となった。筆者と共に、通訳として王波も檀上に立った。

王波も常日頃、弘佳のスタッフのだらしなさに文句を言っていただけに、筆者の資料作りを全面的に手伝ってくれた。内容は以下の通りである。

中国は礼儀を美徳とする国である。それを見習って日本や韓国でも礼儀を重視してきた。東アジアだけはでない。国際外交のシーンでは、一人の外交官のイメージが国家のイメージを代表するため、どの国の代表者も礼儀正しく振る舞っている。同じように、企業で働く社員も企業のイメージを代表していることを自覚しなければならない。

だから、中国の有名な企業で社員の礼儀作法が良いところが少なくない。一方で、礼儀作法の悪い企業もある。そう言って何枚かの事例をスクリーンに投射した。

では、我々はどうだろうか。

筆者は数え切れないほどのダメ事例をスクリーンに投射した。椅子を机の中に入れず、転がしたまま放置されている様子や、顧客が見える場所なのにだらしなく座っている様子。ゴミが落ちていても片づけない様子や、禁煙なのに煙草を吸い、床に捨てている様子。照明の一つが切れているのにそのまま放置している様子や、暗いのに照明をつけない様子……。数え切れないほどの事例を映したが、これらは決起大会の前日に撮影したものである。日本人から見るとメチャクチャに思える事例が頻発していたので、このような写真を撮影するのはとても簡単なことだった。

「このような状況は、恥ずかしいと思わないのだろうか」と、筆者は聴衆に問いかけた。王波が「下に降りて直接質問したほうがいいよ」とささやいたので、筆者は檀上を降り、前列に座っていた若い女の子に同じ質問をした。すると、恥ずかしそうに小声で「恥ずかしいです」と答えた。なぜか会場はドッと沸いた。職場のアイドルだったのかもしれない。「みなさんはどうですか?」と聴衆に大声で尋ねると、「恥ずかしいです!」と大きな声が返ってきた。素直な人たちなのだ。

筆者の後は、会長の総括である。会長は筆者の話について、「自分の伝えたいことを先生が伝えてくれた。社員はこれまでを反省し、新しいオフィスに移ってからは弘佳の人間として相応しい振る舞いをするように」と強調した。

これ以降、弘佳のスタッフの礼儀作法は劇的に改善された。何週間か経つとやや後退したものの、以前に比べればかなりのレベルが維持され、現在に至っている。そして筆者は、この決起集会を機に会社で「先生」と呼ばれるようになり、毎週行われる幹部会議にも出席するようになった。

ヒマなる日々

新オフィスがオープンして一か月が過ぎたころ、上野君が東京に戻ることになった。山崎さんの仕事がいよいよ忙しくなってきたのだ。昆明が武者修行の場である上野君にとっても、「そろそろ」と思う時期だった。

「ねえ、次はいつ戻って来るの?」とイノマンが何度も上野君に問う。上野君は「いやぁ、どうですかねぇ」と頭を掻きながら笑う。

一年の期間だったが、彼の貴重な時間を昆明で過ごさせてしまったことが良かったことなのか、悪かったことなのかは正直分からない。上野君も分からないだろう。ただ何年か経って「あれはいい経験だった」と思ってくれることを祈るばかりである。上野君はいつものように多くを語らず、微笑を抱えながら東京へ旅立って行った。

上野君が東京に戻った後、急にヒマになった。新しい仕事が来ないのである。せいぜい新オフィスについて地元新聞社の取材に応えたり、スタッフたちにオフィスのデザイン意図を説明したり。あとは会長が投資する大理のホテルの施工図チェックぐらいだ。

「上野君がいなくなったせいだぜ、これ」とイノマン。「彼は仕事を呼び込むなにかを〝持って〟いたんだよ」。

「確かにな。上野君がいたころは毎日のように残業してたのに、今じゃ定時で帰れるもんね」と筆者。

最初のうちは冗談で済んでいたが、だんだん心配になって来た。たまに来るのは梁部長の嘘くさい「ビッグプロジェクト」の話である。全て見込みの薄い話だったし、筆者が作ったヒアリングシートも活用してくれないので、事前情報も手薄のままだった。だからイノマンも適当な仕事をしてお茶を濁すことになった。

この状況に最も危機感と不満を抱いていたのは王波である。仕事がないという危機感もあったが、いい加減な営業しかしない梁部長のやり方に不満を持っていたのだ。梁部長のほうは梁部長で、お客さんがいないなら自分でドブ板営業しろなどの無茶なことを言ってくる。すでにドブ板営業に懲りていた王波は、そんな戦略しか立てられない梁部長への不満が高まるばかりだった。とはいえ彼らは同郷であり、梁部長が先輩だった。上下関係は絶対なようで、王波は不満を直接口にできないようだった。

ある夜、王波が筆者をバーに誘った。「梁部長がさ、方針を変更したんだよ」と王波。

「どういうこと?」と筆者。

「この事業部ができたとき、利益の一部を俺たちにも分配してくれる話だったでしょう?」

確かに我々の事業部が作られたとき、純利益の四五%を筆者と王波に分配するという話を三人でしたことがある。議事録にもそう記録された。王波によると、その制度を梁部長が独断で取り消したのだと言う。筆者はすでに目標を「我々の手によって雲南で素晴らしいデザインを作ること」と決めていたのでお金のことはどうでも良かった。そもそも、これまで赤字続きで利益もクソもない。しかし王波はビジネスマンとしての成功が目標だったので、お金という大きなモチベーションを失ったのは大きかったようだ。

「勝手にそんな風に方針を変えるなんてヒドいでしょう?」

「まあね」と言って筆者は王波のグラスにビールを注いだ。

「それにこの前の決起会で、梁部長が今年の目標を言ってたの聞いた? フッ、一〇〇〇万元以上の利益を目指すってさ。去年あれだけ赤字を出したのに、どうしたらあんな数字が出てくるのかって、みんな唖然としてたよ。周りからもバカにされてる」。あおるように酒を飲み干す王波。

「本当にビッグマウスだな。悪い癖だ。それに始めから契約できそうもない仕事ばっかり持ってくるし、顧客の情報は全然聞いてきてくれないし。ダメ営業部長だよ」と言うと、王波は「でしょう?」と言って苦笑いし、遠くを見つめた。

李宣怡さんの訪問

我々がヒマで困っていた頃、李宣怡さんが昆明にやって来た。以前約束していた、観光がてらの会社訪問である。

李さんが来る日、イノマンはたまたま大理のホテルのことで奔走していた。大理では内装工事が進んでいたが、細かい現場調整はアシスタントデザイナーがやることになっており、大理に長期滞在させていた。しかし、どうしても解決できないところがあるとアシスタントが電話でイノマンに泣きついてきたのである。

それを聞いた筆者は、ちょうどいいと思った。会社の金を使って、李さんに大理観光を楽しんでもらおうと思ったのである。「李さんにも大理に行ってもらおうよ。現場で彼女の意見も聞けるし、観光もできるし」。

それを聞いたイノマンは「グッドアイデア! オレも細かい調整なんてできないからさ」と喜んだ。王波も同意し、会社で車を出すように手配した。

李さんがやって来ると、「講演が終わったら、大理観光もしませんか。ついでに、今作っているホテルの施工現場も見学してください」と誘った。李さんは「いいですね」と言って笑った。

李さんの講演会は翌日である。その前に二人で講演会の事前準備をした。準備というのは、昆明のショッピングセンターや百貨店を見て状況を把握してもらうことである。李さんと筆者は、街の中心部にあるいくつかのデパートを見て回った。店舗の中に入ると、李さんが「ああ、ここはダメね」と言って、その理由を指摘する。奥に入るとさらに何個も問題点を指摘し、その理由を話してくれた。「これはいい」と思った筆者は、それらを写真に撮り、メモをした。会社に戻ってからすぐにパワーポイントでまとめた。

また李さんは、日本と韓国における商業施設の発展推移の比較図を資料として持って来ていた。それを見ると、韓国が日本の後追いをしていることがはっきりと分かる。そこで、上海と昆明に関する同様の発展推移図を筆者が作り、これに加えた。これで、日本、韓国、上海、昆明のうち、一番遅れているのが昆明だということが明快に分かる。講演が面白いものになりそうだ。

夜は会長たちも加わり、李さんを囲んでの歓迎会を開いた。天真爛漫な李さんがいると、場が一気に華やかになる。特に会長の奥さんは、同性ということもあってか特に楽しそうで、「李さんが昆明で働いてくれたらいいのに」と何度も口にした。王波も「姐さん、姐さん」と甘えるように慕った。このような人間的魅力もデザイナーに必要なものなのかもしれない。

翌日になり、デザイナーを集めての講演会が始まった。最初に李さんは、自分の会社と実績について紹介し、その後は商業施設についてのレクチャーをした。

まず日本と韓国の商業施設の展開について説明した。成熟市場となった日本では現在、差別化のために多様な商業施設が存在している。韓国も成熟市場になりつつあり、日本の後追いのような展開となっている。

中国で言うと、上海は一九九〇年代前半から急速に発展している。そして昆明は上海の一〇年遅れの展開となっている。

こうして見ると、商業施設で最も進んでいるのは明らかに日本であり、次に韓国、上海、最後に昆明ということになる。日本で仕事をしている人間の目から見ると、昆明の商業施設はとても遅れているように感じる。特にソフト面の考慮がかなり欠けている。

そう言って李さんは、昨日デパートを視察して作った資料をスクリーンに投射した。メインエントランスを入るとすぐにエスカレーターがあり、前方を遮ってしまっているのは問題だ。エントランスの広場には春をイメージさせる桜が設置されているが、商品との関連付けがない。メインの案内カウンターには一階の案内が貼ってあるが、ここでは全階の案内が必要。通路では、動線から店舗の椅子がはみ出していたり、天井照明のラインが動線とずれていたりしている。エスカレーターを上がるとすぐの場所にセールス商品のワゴンが置かれているが、それだと客がここで留まり、奥に行ってくれない……。そういった具体的な問題を写真付きで指摘した。

こんな内容こそデザイナーたちが求めていたものらしく、講演後の反響は大きかった。普段大人しい彼らから質問が相次いだのだ。王波も鼻が高かったようで、「我々はソフト面が弱い。彼女のように細かいところまで目が行き届くデザイナーにならないとダメだ。『細部が勝敗を決める（細節決定成敗）』だよ。みんなも李さんに学ぶように」と、ちょっと偉そうに総括した。

翌日の朝、李さんと筆者、それに王波とイノマンで大理に向かった。四時間かけて大理に着くと、

「古城」と呼ばれる観光地を見て回った。古城の中には「洋人街」というバーストリートがあって、そこで食事をしたり、コーヒーを飲んだりして寛いだ。

そこからまた一時間ほど車に乗って、双廊に到着。すぐに現場へ向かった。ホテルの工事現場を見た李さんは、「なんなの、これ？」と言ってあきれ、苦笑した。何の管理もされていない、ゴミと資材がごっちゃになったような状態だったからだ。

「そうでしょう、李さん。そうなんですよ！」とイノマンは我が意を得た思いだったようだ。王波は「こっちは工事現場もレベルが低いんです」と恐縮して言い、駐在しているアシスタントに「管理が悪いぞ」と注意した。アシスタントは「こっちのスタッフは昆明以上に適当なんです」と言い訳した。

我々は工事中のホテルの中に入った。足場が悪いのにかかわらず、李さんは軽快な足取りで前に進んでいく。「気を付けて」と言うと、「慣れてるから大丈夫よ」と答えた。

アシスタントの言う問題の個所はいくつかあったが、その一つに受付カウンターの造作処理があった。深津さんのスケッチ通りに作ろうとすると、どうしても矛盾点が出てくる。それをどう解決すべきか。

我々の議論を聞いていた李さんは、「私が何とかしてあげる」と言って、低いテーブルの下に座り込み、一五センチの物差しを使って図面を引き始めた。綺麗なスカートが台無しだ。しかしそんなことを気にかける様子もない。むしろ、これまで笑顔だったのが急に真剣な表情へ変わり、他者を寄せ付けないオーラを出し始めた。

我々は固唾を呑んで見守った。ほどなく、図面が出来上がった。

「ほら、こんな感じでどう?」

これを見たアシスタントの表情がパッと明るくなった。そして、あっちも見てくれと李さんに言う。李さんは「はい、はい」と言ってアシスタントに付いていく。「申し訳ないです、李さん」と筆者が言うと、「いいのよ、私、仕事が好きだから」と笑顔で言うのだった。

こうして、数時間かけて様々な問題を解決していった。

このホテルは九月にオープンにこぎつけ、当初から大いなる人気を集めた。周辺のほとんどのホテルが大理の文化を濃厚に取り入れたものである中、このホテルは機能性と快適性を重視しており、それが差別化につながったようだ。深津さんのデザイン戦略がズバリ当たったのである。

経営はその後も順調で、効率の悪さから無駄なカネと時間を費やしてしまったのにも関わらず、二年足らずで投資金額を回収することができた。

王波の離脱

李さんが帰ってからも、ヒマな状況は変わらなかった。梁部長の見込みの薄い仕事すら少なくなった。中国ではよくあることだが、梁部長は本業以外の仕事も持っているようで、来社することすら減っていたのである。「一〇〇〇万元の売上というのは、やはり口だけだったみたいだね」と王波に振ると、「当り前でしょう」とそっけなく言った。王波と梁部長の関係も冷え切ったままだった。

追い打ちをかけるように、住宅設計施工部門の客も減っているようだった。この頃、弘佳は社名変更をしている。「弘佳装飾」から「弘佳国際設計」へと変わったのだ。ブランドのグレードを上げることで、上客を増やす戦略だったのが裏目に出た。従来の中心顧客であった一般層の顧客が減ってしまった。敷居を上げ過ぎたのだ。

筆者は幹部会議で顧客獲得のためのアイデアをいくつも挙げたが、幹部たちの反応が悪かった。彼らは会社の創業期から在籍する、いわば叩き上げなのだが、高度成長の波に乗って成長してきたこの会社にあって、修羅場を潜り抜けた経験がほとんどない。上の指示をただ待つだけである。会議では異論もなく、大きくうなずくものの、主体的には行動することはないといった習慣から抜け切れていなかった。いや、行動する方法を知らないだけかもしれない。いずれにせよ、彼らは出世競争を勝ち抜いた人々というより、離職者の多いこの会社で、辞めずに残った人々の集まりにも見えた。

住宅部門は会社の主要な収益源である。このままでは、赤字を垂れ流し続ける我が部門は廃止になるのではないか——。そんな危機感が筆者の中でますます膨らんでいった。そして、たとえ弘佳を追い出されても、一旦決めた自分の目標は必ず達成したいと願うようになっていた。このときすでに、デザインの仕事が天職に思えていたのである。

じきに夏になり、不安を抱えつつも筆者は一ヶ月ほど日本に帰省することにした。

昆明に戻り、会社に行ってみると、王波が部門を移っていた。住宅設計部の営業リーダーになっていたのだ。話を聞くと、やはり梁部長と一緒に仕事をするのが耐え切れなかったらしい。

「それから、今住宅部門の業績が悪いでしょう？　だからボクが営業部のリーダーになって立て直そうと思ってさ。この前、営業戦略を手伝ってあげようと思って過去のデータをくださいと言ったら、何も持ってないと言われた。ビックリしたよ。毎年、行き当たりばったりでやっていたみたい。これじゃ業績が良くなるわけがない。会長に頼んで、転部させてもらいました」。

筆者はショックだったが、王波が自分の意思で選んだ道を否定するわけにもいかない。

「営業は、お客さんと一番近いところにいるんだから会社のイメージを代表する存在ですよ。でも、礼儀も何もできてないし、お客さんの要望をつかむこともできない。それから、やる気もない。売上が上がれば給料も上がるのに、毎日携帯をいじくってばかりで仕事をしない。あいつら、低い給料のままで十分だと思っているんだよ」と王波。

「そうか。できる限り手伝うから、何かあったら言ってね」と筆者は言った。当然イノマンは「あいつ、オレたちを見捨てる気か！」と不服だった。

王波の後釜には、沈依（シェン・イー）が引き継いだ。彼女は数か月前に弘佳に入って来たばかりの日本語通訳だ。広島大学の大学院に留学し、修了してから中国に戻って来た。東北出身なのだが、恋人が昆明で植物の研究をしていることからこの地で職を探した。しかし雲南省では日本語と関係する仕事がとても少ない。ようやく見つけたのが弘佳の仕事というわけだった。見方を変えれば、雲南省で優秀な日本語人材を安く雇うのは容易なのだ。まだ二〇代の才媛で、日本語力の高さと頭の回転の速さから見れば、上海や北京だったら高給取りになっていてもおかしくない人材である。

彼女は、我々の救世主になった。残していたこれまでの資料を読破し、現状の不満をイノマンと筆者にヒアリングした。最も不満な点は梁部長の仕事ぶりだと言うと、沈さんは「分かりました。今後梁部長が持ってきた仕事のときは注意します」と答えた。

一か月ほど経つと我が部署の風向きが変わってきた。オファーされたどんな案件も沈さんがまず検討し、値段の低い案件はイノマンの部下にあたる中国人デザイナーに回し、大きな案件はとりあえず沈さんと筆者が顧客のところに行って話を聞き、誠意がありそうな顧客だけを追いかけるようにした。逆に誠意のない顧客は、たとえ梁部長の持ってきた仕事であっても深追いしないようにした。

沈さんは、朝来社するとまず顧客に電話をかけ、「その後いかがですか」と次へのステップを促していった。すでに受注した仕事に関しては、施工現場に電話したり、担当スタッフに声をかけたりして確認していった。その後は、より効率的な仕事をするために業務フローチャートの作成を手がけた。またスタッフ一人ひとりと面談し、不満を抱えていないかを確認すると同時に、今後の人生の方向性と会社の方向性が合致できるような調整に努めた。

日常業務が安定すると、今度は外国人デザイナーの招聘に動いた。田舎街の昆明で、しかも先進諸国から見れば低い給料しかあげられないという条件で外国人を呼ぶのはかなり難しいが、それでもペルー人デザイナーを上海から呼ぶことができた。もっとも彼は昆明の水が合わなかったようで、二か月ほどしか滞在してくれなかった。しかし翌年にはイタリア人とスペイン人のデザイナーを入社させるに至った。

この頃、日中間で領有権を主張する島嶼が政治問題化し、昆明でも反日デモが発生した。いわゆる尖閣諸島問題である。このことは我々の仕事や日常生活にも多少の影響を与えた。一部の店舗やレストランでは、「日本人お断り」の張り紙が貼られた（そういう店に限って、日本人が入りそうなところではないのだが……）。「『釣魚島は中国のもの』と言えば二割引」といった、便乗セールを行う店もあった。タクシーの運転手に「どこから来た」と尋ねられて「日本人だ」とは答えづらい状況になった。

弘佳にも変化があった。広告宣伝する際、これまでは日本人（イノマンや深津、山﨑さん）や韓国人（李さんのこと）などを全面に出すことが多かったが、そこから「日本」という文字が消えた。ホームページでもイノマンを紹介する部分を削除したりした。会長を始め、スタッフの多くがそれを申し訳なく感じる一方、「いい気味だ」と思うスタッフも少なくないようだった。イノマンも筆者も、粛々と日々の仕事を行うことでその場をしのいだ。

会長はそんな我々を心配して食事に誘ってくれた。酒の席で会長は、「外国のことを批判する以前に自国の問題を解決するべきだ」と言って我々を励ました。

一方の王波は、緻密な営業戦略を構築した上で、張り切って営業リーダーとしての仕事に取り組んだ。しかし、とたんに部下たちの激しい反発を呼んだ。あまりにも煮え切らないスタッフに対し、「反対するなら辞めてしまえ！」という勢いで改善しようとしたからだ。一部の部下は王波に怒りを覚えた。そして会長に直訴した。「王波は強引すぎる。人間として共感できない。リーダーの資格がない」。そう訴えられた会長は弱ってしまった。そして王波を呼んで「改革はもう少しゆっくりとやるように」と諌めたのだった。

会長にそう言われた王波はショックだった。

「オレが一番弘佳のことを考えているよ。それなのに、会長はあいつらの言葉のほうを信じちゃってる」と、バーのカウンターで酒をあおりながら王波が言った。

「こんなんじゃ、本当に会社がつぶれちゃうよ。『ゆっくり』ってなんだよ。ゆっくりしている時間なんてないだろう!」と酒を飲むほどにヒートアップしていく。

中国では「まじめすぎると嫌われる」と上野君にアドバイスしたのは誰だったか……。『V字回復の経営』などの著書で知られる、企業家で作家の三枝匡氏によれば、改革は一気呵成に行わなければならないという。一方で三枝氏は、改革を成功させるためには改革者に対するトップの力強い後方支援が欠かせないとも言う。そう考えると、会長は王波をしっかりフォローしなかったわけで、改革失敗の一端は会長にもあったと言えるだろう。しかし何より、王波自体の経験不足が大きかった。

「まだイノマンには言わないで欲しいんですけど、ボク弘佳を辞めますよ」。

「マジで?」

「今回、会長にあんなこと言われて、すっかりやる気がなくなりました。責任を取って辞めるかたちでね」。

「そんな……。もっと頑張ってよ。改革は始まったばかりだろう。それに、俺たちはどうなるのさ」。

「沈さんがいるから大丈夫だと思う。ボクはとりあえずこれからお金を稼いで、お金が貯まったら自分でデザイン会社を作りたい」。

「お金を稼ぐって……」。

「営業が得意だからさ、何か物を売って儲けます。でも一番やりたいのはデザインの仕事だから、いつかまた一緒に仕事ができますよ」。

「そうか……」。

こうして王波は弘佳を辞め、大理で高級オーディオの販売を手掛けるようになった。後でそれを知ったイノマンは当然、「裏切られた！　オレを呼んだ張本人だぞ。オレを残してあいつめ……」と怒り心頭だった。こうして、二〇一二年は大理ホテルの完成以外に大きな収穫がないまま暮れていった。

新しい血

二〇一三年に入ると、デザインの依頼が増えだした。国際設計部の新しいリーダー、沈さんが昨年から行ってきた努力が実を結んできたのである。

また、イタリア人デザイナーも加入した。名前をパトリックという。母国の建築学科を卒業したばかりの新米で、実務経験が全くない。しかも中国に来るのも初めてである。きちんと仕事ができるのか心配されたが、それなりにフレッシュなデザインが提案できることが分かり安心した。

それから数か月すると、昆明在住のスペイン人デザイナーも入社してきた。アウドという名前だ。彼女は昆明で中国語学校に通う学生だったが、人づてでこの会社の存在を知った。スペインではインテリアデザイン会社で働いた経験があり、また中国文化にも詳しいので、期待の持てる人材だった。二人ともまだ二〇代後半だ。

ヨーロッパからの美男美女が加入したことで、社内は急に華やかになった。「国際標準」という会社の方針が、見た目では実現したかのようだった。

仕事の依頼件数は増えたが、受注までに至るのはせいぜい二割五分といったところだった。精神衛生上、「五件に一件受注できれば上等、目指せ三割」と考えることにした。沈さんやイノマンに対しても「失注するのが当たり前。とにかく数をこなそう」と励ました。

中国のクライアントはかなりわがままだ。クライアントの中には、自分が何を目指すべきなのか分からないまま、とにかく我々に提案させ、そこから考えるという人も少なくない。たとえばマンション団地を開発するデベロッパーのコンペがあった。団地の敷地内にある住民用娯楽施設内に用途の決まっていないスペースがあり、その用途を含むデザイン提案である。数社が提案したコンペだったが、誰の案も採用されることはなかった。とにかくアイデアだけが欲しかったのだろう。どうやら中国では、コンペは叩き台にすぎないようだ。

筆者とイノマンはそのような環境に慣れてきたので、大きな不満を出さないでいたが、イタリアとスペインのデザイナーはやはり納得がいかないようだった。しかし、そのような文句を言えるほど、彼らのデザイン提案が優れているとも筆者には思えなかった。なぜなら、彼らの提案するデザインは、彼らにとって「いいもの」であり、顧客にとって「いいもの」とは限らなかったからである。

そこで筆者は、顧客志向のデザインの作り方について、商業施設に関わる社内デザイナーを集めてレクチャーした。別章の「デザイン思考の概要」で描いた新人デザイナーとその上司の会話の部分である。

本来はイタリアとスペインのデザイナーに向けて語ったものだったが、最も食いついてきたのは二人の中国人デザイナーだった。一人はニンゴン。かつて「コンセプトは大学で学ぶものであって実践で使うものではない」と言った人物だ。彼は自分が関わっている仕事のコンセプトを一緒に考えて欲しいと言ってきた。当時、彼には提案すべき仕事が二つあった。一つは不動産のショールーム、もう一つは玉渓という場所にあるホテルである。もちろん筆者は喜んでコンセプト作りに参加した。一緒にコンセプトを作っていれば、じきに自分でも作れるようになるだろう。

食いついてきたもう一人のデザイナーは曹健（ツァオ・ジェン）で、弘佳を代表するトップデザイナーの一人である。彼はこれまでは住宅のインテリアデザインをメインとしてきたが、今後は商業施設のデザインをやっていきたいとの意向があった。今度大理で大きなコンペがある。住宅（別荘）販売用のモデルルームのインテリアデザインのコンペで、クライアントは大理を拠点に商業・住居・ホテル一体型の大型不動産開発をするデベロッパーである。これを、イタリア・スペイン・中国のデザイナーで提案したいので、コンセプト部分を作って欲しいというのが彼の提案だった。もちろん、これにも参加することにした。

「ビッグプロジェクト」受注

曹健が持ってきた大理のコンペは、受注すればデザインフィーが一平米六〇〇元。トータルで見れば五〇万元近いデザイン料になる。ついでに施工も受注すればさらなる儲けだ。だからぜひとも取りたい仕事だった。

筆者はクライアントと会い、細かく事情を尋ねた。話し相手となったのは、別荘区を売る営業部長である。販売状況を聞くと、顧客の七割が北京や上海、広州、昆明といった大都市の人であり、まさに避暑用の別荘として買われている傾向があった。とはいえ売れ行きはそれほど芳しくなかった。彼らは、この別荘をどう売っていいのか迷っていた。

チャンスだった。筆者から見れば、この別荘の良い点と悪い点が明らかだったからだ。現状の別荘の売り方は、大理の自然や文化を全面に出したものである。しかし、そんなこと言ったら大理の全ての別荘についても同じことが言えてしまう。売り出すにあたって強調するべきなのは、この別荘にしかない独自の魅力であるはずである。それなのに、彼らはそうしていない。どうやら彼らはまだ、この別荘の魅力を見いだせていないようだった。

基本コンセプトは、別荘が持つ独自の魅力を最大限に発揮させるデザインとした。さらに、今回デザインするのは中国・イタリア・スペインの三国連合である。そこで、彼らがやりやすいような工夫もした。

デザインができるまでは何かと心配していたが、仕上がりを見ると三人ともに個性的で美しいものだった。内心「ひょっとしたら、いけるかも」と思った。しかし社内幹部には「我々ごときが平米あたり六〇〇元なんて、ありえない。一〇〇元でいいからやらせてくれと頼んだほうがいい」と言う人もいた。それを聞いて沈さんと共に憤慨したが、「客観的にみたらそんなものなのかも」と弱気にもなった。

プレゼン当日は、三国連合に加えて筆者も参加したので、都合四か国の人間がクライアントの面前に座った。その迫力に押されたのもあってか、プレゼンは好評だった。とはいえ、いいプレゼンをしてもその他の事情で受注できないことが多々あるのも事実だ。

翌日、かたずを呑んで結果の知らせを待った。電話が鳴った。受注の知らせだった。みんな飛び上がって喜んだ。一〇〇元に値下げしろと言った幹部の鼻を開かせたのも嬉しかった。その後、施工も受注することができた。

このプロジェクトは、我々の部門にとって二〇一三年最大の収穫だった。また、これによってデザイン思考によるデザインの重要性を結果で示せたことから、筆者の考えが社内で通りやすくなった。

「プロフェッショナルとは」

大理のプロジェクトの受注によって、筆者はすっかり自信を深めた。というより、調子に乗った。日頃、ネットでNHKの番組「プロフェッショナル　仕事の流儀」をよく見ていたが、視聴者の多くがそうするように、筆者もまた筆者なりの「プロフェッショナルとは」という問いに対する答えを考え、紙に書いて、会社にあるイノマンの部屋に張り付けた。プロフェッショナルとは、「大きな目標を持ち、その実現を信じ、実際に行動する人のこと」である。昆明に来るまでは考えたことすらなかったのに、この頃は本気でプロフェッショナルになりたいと思うようになっていた。

弘佳の会長も奥さんも、筆者が明確な結果を出したことでさらに信頼してくれるようになった。筆者は、彼らとこれまで以上に深くコミュニケーションするようにした。筆者自身の夢を実現させるためには、弘佳という会社が大きく羽ばたく必要があったからである。

「とにかく雲南でいいデザインを作りたい。いいデザインを作るためにはいい顧客と出会う必要がある。いい顧客を出会うためには顧客が喜ぶデザインをたくさんして、より多くの顧客を呼び寄せるべきだ。だからこそ、顧客志向のコンセプトを重視したデザインをすべきだ」と彼らに念押しした。さらに、あらかじめパワーポイントで作っておいた弘佳のビジョンを彼らに見せた。かつて、天恒ホテルや新紀元ホテルのために作った手紙（雲南省で日本人がデザインする意義）を改良したもので、彼らの深層心理にある（であろう）思いをビジュアルで再現したものである。さらには、ビジョンを実現するためのプランも合わせて見せた。会長は大いにうなずき、奥さんは「感動しました」と言ってくれた。そしてビジョンの実現のために、一緒に努力していくことを誓った。

二〇一三年は、様々なデザイン提案をした。デザイン思考の実践をこなすうちに、思ったことがある。デザイン思考における物語とは、構造化することとほぼ同義かもしれない。構造化には思った以上の有用性がある。とはいえ、構造化することで微妙なものが零れ落ちていく感覚もある。実は、そんな感じが嫌いで、若い頃は論文などで物事を構造化することがあまり好きではなかった。しかし、それでも有効な部分があることが、今となっては分かるようになった。

たとえば「けんか」ですら構造化できる。ドラマなどの夫婦げんかを見ると、始まりはつねにちょっとしたことから始まる。しかし背景にはこれまでの様々な不満があり、「ちょっとしたこと」は引き金に過ぎない。一方、けんかを売られたほうは「ちょっとしたこと」だけでそんなに怒るのは不当だと考え、過度に口答えしたくなる。すると相手はさらに怒る……。このような場合、けんかを避けるためには怒りの本質を知るべきだろう。

けんかの流れを筆者なりに構造化すると、「期待→理想的でない結果→失望→失望の蓄積→ひきがね→怒り→けんか」となる。構造化すると、けんかは感情の問題ではなくなり、説明できる問題に変わる。すると、冷静になることができ、自分の感情をコントロールすることができるのだ。けんかする前に、「オレは相手に何を期待していたんだっけ？」、「相手はオレに何を期待していたんだっけ？」

と自問すれば、対処の仕方も変わって来るだろう。

つまり構造化を盲信するべきではないが、切り捨ててしまうにはもったいないものである。また一つの構造化モデルは、いくつか考えられるモデルのひとつでしかないと肝に銘じるべきだ。一つの構造にとらわれた結果、新たな独創への萌芽が摘まれる可能性がある。しかし、それを逆手にとると、クライアントをハッピーにさせる道筋を考えると同時に、我々がハッピーになるような構造を考えることも可能である。いや、おそらく優れたデザイナーは、無意識にそのような流れになるように考えているのかも知れない。デザイン思考における「物語」は、実現可能性が少しでも高いほうがいい。様々な関係者が同時にハッピーになる物語を作れば、自然に物語は実現化に向けて動き出すからだ。

デザイン集団の構築のきざし

二〇一四年になると、会長の奥さんの提言により、コンセプト策定のための専門部門の開設へ動くようになった。筆者は外国人だから、組織を自分の意思だけで変えることはできなかった。「社員たちを地道に啓発していくしかない」とこれまでは思っていたが、奥さんがやる気になったので話が一気に進むようになった。

一年前まで弘佳で働いていたデザイナーが突然イギリスへデザイン修行に旅立った。帰国すると、再びこの会社に戻ってきた。他の会社に行くのが普通なのに、この会社が好きだからと舞い戻ってきてくれたのだ。それを奥さんは大いに喜んだ。彼女にコンセプト志向のデザインをしてもらい、大きく飛躍してほしいと願った。だからイギリス帰りの女性デザイナーをリーダーとする部門開設準備研究会を立ち上げたのである。

ところが彼女は、奥さんの思いを理解することができなかった。研究会を立ち上げて一か月で辞めてしまったのである。理由は、「弘佳では、私のやりたいデザインをやらせてくれるお客さんに巡り合えないため」だった。

中国のデザイナーたちの意識を変えるのは簡単なことではない。彼らの夢または目標は、有名になって独立事務所を構えることである。そのために、見た目でインパクトのある作品を作って脚光を浴びたいと考えている。そしてそのためには、そんな作品を作らせてくれる顧客に出会う必要があると考えているのだ。

一方、顧客から見た場合、彼女のような考えのデザイナーは「人の金を使って自分の作品を作ろうとするデザイナー」である。顧客は芸術家のパトロンではないのだ。そんな自分勝手な考え方に、デザイナーたちはいまだ矛盾を感じない状況なのである。

彼女も自分志向から脱却できていなかった。この研究会は彼女にとってピンと来るものではなかったのである。後で「彼女も焦っていたのよね」と奥さんが打ち明けてくれた。「彼女に良かれと思って、研究会のリーダーにしたんだけどね、仕方ないわね」と最初は笑顔で、話しているうちに大粒の涙を流しながら、奥さんは言った。

それでも奥さんはくじけることなく、弘佳を代表するデザイナーである曹健をトップにすえ、顧客志向の商業デザイン部を作った。コンセプトを重視した集団である。

商業デザイン部を設立して間もなく、イノマンと筆者の提案によって大きな仕事を受注した。日本円にして二〇〇〇万円以上。弘佳史上最高金額のデザイン料である。イノマンが初めて受注した弁護士事務所が当時のレートで二〇万円だったから、一〇〇倍になった――。そう思うと感慨深い。さらに夏になると、イノマンは「中国建築装飾協会」から「室内設計百強人物」の一人に選ばれた。どれほどの権威があるものか分からないが、僥倖であることには変わらない。

このように商業デザイン部は順調だが、住宅部門は相変わらず問題を抱えており、予断を許さない。我々の順調さも一時的なことかも知れないし、この会社が今後どうなるかも分からない。しかし、「雲南省にみんながビックリするような素晴らしいデザインを作る」という夢には近づいている気がする。その実現のためには、今後も深津泰彦さん、山﨑健太郎さん、李宣怡さん、そしてイノマンといったデザイナーの力が欠かせない。彼らの力を借りながら、これからも努力を続けていこう。デザイナーの思考は、常に前向きなのだ。

付論　「デザイン思考」の可能性——山﨑健太郎氏に聞く

以下は二〇一四年の夏、若手建築家である山﨑健太郎氏にインタビューしたものである。その目的は、本書に書かれている内容を、プロのデザイナーの観点から批評してもらうことにある。そもそもプロから見て首肯できるものなのか。うなずけない点があるとすればどこなのか。

ただどうせなら、デザインの最も核となる部分を知るためのインタビューにもしたかった。しかし、デザインの本質なんていうものは、本来的には言葉にできないものだろう。だから迂回してみたり、遠回りしてみたりしつつ、なんとか浮かび上がらせたいというひそかな企みもあった。

インタビュー後、山﨑さんは権威ある賞を数々と受賞しており、本格的に業界を超えて衆知される存在になった。その結果、このインタビューが意図を超えてデザイン業界の「いま」を伝える内容にもなっているようにも読め、インタビュアーとしては喜びを感じる。

それからもうひとつ。デザイン思考する人とデザイナーの間には、超えられない壁があると思う。山﨑さんの言葉を借りて言えば「ジャンプ」ができるか否かである。「ジャンプ」とは、ある種の飛躍によって、想像を超えたものを実体として作り出す力だ。その秘訣についても聞き出そうと試みた。

Ⅰ

榎本（以下――）　山﨑さんは「デザイン思考」という観点を確信を持って仕事に取り入れているという印象を持ちました。そしてその観点は、ＩＤＥＯ社が「デザイン思考」を提唱する以前から山﨑さんの中にあったのだと思います。まずは、そのようなスタンスを持つことになったきっかけを知りたい。つまり、デザインというのが従来考えられている以上に広がりのあるものだということを感じたきっかけはなんでしょうか？　そもそもＩＤＥＯの「デザイン思考」について知っていましたか？

山﨑健太郎氏（以下山﨑）　ＩＤＥＯ社については正直よく知りません。ただ、ゲンスラー（ゲンスラー・アンド・アソシエイツ）は知っていました。

――　ゲンスラー？　そこは「デザイン思考的」なんですか？

山﨑　はい。ゲンスラーは、大きなインテリジェントビルを設計しているデザインコンサルタントファームで、オフィスのデザインをメインとしながら、経営を踏まえたデザインをしています。海外でインテリジェントビルを作っている日本のデベロッパーならみんな知っていると思いますよ。インテリジェントビルというのは、様々なグローバル企業が入居するところ。そんなオフィスに対する内装デザインを考えた場合、ビルの運営者が必然的に行きつく会社だと思う。

――　ゲンスラーに注目したのは、山﨑さんの中に問題意識があって、それに似ていたからですよね。その問題意識は、そもそもどこから生まれたのかを知りたいです。

山﨑　この本でインテリアデザインの実践につ

いて書かれていますね（第Ⅰ部第三章）。そこで榎本さんはインテリアデザインのコンセプトを考える際のポイントとして、「利益を重視するもの」と「理念を重視するもの」に大別して解説していたけど、その言い方で言えば、僕の場合はそもそも理念重視に偏っていると思う。

今たまたま、ビジネスホテルのインテリアデザインをしています。それは間違いなく利益志向ですよ。それでも利益志向じゃないアイデアがふつふつと湧いてきちゃって、それがクライアントにとって利益になるかどうかは分からないけど、それでも理念的なものが重要だと思っちゃうんですよね。

――クライアントの思い以上にそうなってしまうということですね。

山﨑　まあ、利益を重視するクライアントがほとんどだと思うし、それは当然だと思う。そして理念を語ると「なに大学生みたいなこと考えているの」と思われちゃって（笑）。自分で考えた結果としてここにたどり着いたものなのに、人には青臭く見られることがよくある。

――山﨑さんが理念志向になってしまう理由を考えてみたいと思います。まずは発想の源みたいなことから。私の本では、「デザイン思考」に必要なものは「発想力」であるなどと書きました。そして発想力を高めるには「無駄知識」と「相対化して考える」といった要素が必要と書きましたが、これについてどう思いますか？

山﨑　無駄知識も相対化する視点もその通りだと思います。ただ発想の中には、ジェネラルなもの（G）とパーソナルなもの（P）の二つの要素がある。

発想というものには原点があるとするなら、僕にもそういう原点があります。迷ったときに立ち戻る場所。遠いところにあるもの。でも基本的には、あまり明確にその具体的な作法を考えないようにしている。

自分に関していえば、（B・ルドフスキー著『建築家なしの建築』の中にある写真を見せて）この感じがインスピレーションの元だと思っています。これは出雲の航空写真なんですけど、日本海側にあって住居が点々としています。住居には、松の木がL字型に植えられていますね。僕はこの風景が美しいと思うんです。L字型なのは防風林だからなんですけど。

この風景を作っているのは風土だと思っています。本家と小屋があって離れがあって、コミュニティがあって、慣習があって、そこに営みが存在していて、複合的な要素が集まって風景が作られていて、しかも美しい。つまりデザインが立ち上がるための、ある必然性がある。その中にある営み、慣習、生活習慣を取り込んだうえで景観ができているというスケールの大きな風景。

レストランをデザインしたとしても同じで、クライアントの要望やユーザーがそこをどうやって、暮らしの延長としてどう使っていくのか。そんな、いろんなものが長い時間軸をともなっていくようなイメージ。そしてそれが美しいということ。これが、発想の源としてあって……。その後の脳味噌の動きはよく分からないけど。あとは体験かな。

――体験といえば、ホテルインテリアデザイナーの深津さんも中国のデザイナーに「作品を写真で見るだけじゃダメ。とにかく現場に行って体験しろ」と言っていましたよ。いいデザインをたくさん体験しろということですね。山﨑さんも体験が重要ということですか。それは後々まで覚えているもの？

山﨑　覚えていますね。血と肉になっていくのかな。

――そのような個人的な体験、あるいは自分ちょっと違うかもしれないけど、発想の源というのはそういうことです。

―― デザインする際、「何かを掴みたい」という意識を常に持たざるを得ない感じですか？

山﨑　僕の場合、それがないとできない。そして、それはすごい遠くの場所に持っておきたい。

―― 山﨑さんの目指すもの、ほしいものって、結局建築なんですか？

山﨑　建築に捉われているわけじゃない。どちらかといえば「感情」というものを取り扱うことを目指しています。建築というのは、条件的なものを整理する作業と、感覚的なものを整理する作業の二つに分かれるものだと思う。榎本さんの本で実践しているデザインは、条件的なもの、つまり利益を整理して方向づけしていく作業に近い。僕の場合は、感覚的なものを整理する作業、つまり理念志向でインテリアもデザインの趣味や嗜好が、どうデザインとつながっていくのでしょうか？

山﨑　僕は車が好きですけど、ずっと六〇年代の「ワーゲン・ビートル」に乗っています。それはさっきの話（出雲）と同じ。ポルシェ博士には色々と発明があって、そのデザインも好きですが、なんでそこまで惹かれるのかなと思うと、そこには楽させてくれない感覚があるから。出雲の風景が住みやすいわけじゃないけど、ある種の美意識を守りながら残り続けているんじゃないかと思う。

―― 快適というよりはこだわり？

山﨑　あるいは、愛着、誇り、プライドとか。

―― それは以前からの考えですか？

山﨑　最近気づいたことです。色々やってきて振り返ったときに、この（出雲の）写真がそうなんだなと思うようになった。この写真って、すごく深いんです。発想力を付けるというとインしたいと思う。

Ⅱ

――クライアントがやりたいことと、自分のやりたいことが分かれていた場合、どうするんですか？

山﨑　まあ、それが一致しているクライアントとだけ仕事をしていくのがいいかなと思います。現状、やりたくない人とやるのは不可能だと思っています。

――さきほどパーソナル（P）とジェネラル（G）の話がありましたが、出雲の写真はPであると同時にGにつながる広さを持つからいいとして、個人的にマニアックに好きだというPもあるはず。そんな極端なPをデザインに盛り込むということはあり得ますか？

山﨑　僕の場合、それはないと思う。デザインの過程で、そういうものはそぎ落とされるから。そういうものを消そう消そうという努力こそ、僕がやるべき作業だと思う。

仕事では模型をよく作ります。大学時代、「模型は壊すためにあるんだよ」と教えられた。模型を作るのは検討するためにあるという教えだと思うのですが、私の場合、それをもう一歩踏み込んで、「時間をかけて作った模型を自らの手でぶっ壊せるかどうかの確認」として使っている。客観的に見る人が多ければ多いほど、潰される機会が増えるんですが、自分が「これはつぶされないかも」と思えるようなものが作れると、実際クライアントからもOKが出ることが多くなってきた。

――一番の本質というか、無駄のない、雑念のない状態がそういうもの？

山﨑　そうですね。出雲の写真の風景に近づいているものだと思う。建築家なしの状態に深化させるというか……。風土に合ったものであると同時に、すごく美しいものでもあると思えるものですね。それを目指していったほうがいいと思っていて。

でもそうじゃないデザインもある。今だって東京には大きな商業施設ができていますが、それだって所詮「あそこで買ったらいい気持ちになれる」、「ラグジュアリーを作ろう」みたいな話、つまり利益重視のデザインなんだから、（彼らには）そんな僕の気持ちは届かないと思うけど、でも僕の考えは時代からすれば最先端だと思っている。

これは知り合いに言われたことですが、日本は「人が集まるデザイン」というものをバブル時代以降もずっとやって来たんだと思う。当然資本がベースになっているんだから、デザインで磁力を作って賑わいを作るのは至上命題でしょう。しかし僕が糸満（糸満漁民食堂。日事連会長賞やIIDA 2014 Global Excellence Awardsなどを受賞）でやってきたのは、元々ある「コミュニティを作ろう」という動きに対して、あるデザインを与えると、力が出てくる。ふつふつとした力を形にしていく、ある美しさを伴って立ち上がって来る――。そんな仕事です。何もないものをゼロから作るのが利益志向で、僕のやっている、すでにあるものから作っていくことが理念志向のデザインということだと思う。

そして今後のことを利益ベースで考えた場合ですら、結局残るのはむしろ後者じゃないのだろうか、というのが僕の考えだし、だからこそだんだんと注目されているのが「デザイン思考」なんじゃないかと思うんです。

――かつて山﨑さんは、「二一世紀は客単価とか回転率だけじゃ生き残れない」と言っていました。

山崎　そうそう。それだけじゃダメなんだと思う。

――それだけじゃダメだということは、すでに消費者に見透かされていると思いますけどね。

山崎　そうかなぁ。それと全く反対の人もたくさんいるんですよ。僕のデザインに見向きもしない人も少なくないし。

――現在の日本の成金は、九〇年代の日本の成金と感覚が違うと思いますよ。それにもかかわらず今の商業施設は基本的な考え方がバブル時代と一緒だから、その意味ではもはやピンと来ないんじゃないかと思うんです。

山崎　変わりつつあるかもしれないですね。僕の場合、クライアントは個人というよりその周辺も含まれる感じです。たとえば、レストランとして収益を上げなければならないと同時に、地域も含めて活性化したいとか。糸満を例に挙げると、クライアントは漁民文化が好きで、漁民が衰退するのが嫌だというのがきっかけでレストランをオープンさせたいと思った。これは特殊事例だけど。

――それで山崎さんを見つけたと……。

山崎　街づくりのプロデューサーが僕を訪ねてきてくれて。クライアントは元銀行マンなんですよ。だから小さな街で単にレストランを作って利益出すのは大変だというのはちゃんと分かっている。地域に愛されながら、じわじわと愛される店を作って、長くやっていくべきだという経営感覚を持っている。同時に、自分の熱い思いがある。クライアントにはそういう両面があった。

最近僕は病院も手掛けています。病院だって、大病院ではできない病院をやりたいと思うと同時に、地域に根付いたクリニックを作らなければならないという感覚がありますけど、それは思いだけでなく、経営的な判断も働いている。

――物事が変化して、それが定着するときって、複合的な要素が重なるのかもしれませんね。

山﨑 今の日本経済において、利益の取り方が変わってきていると感じます。経済がシュリンクするときに相応しい利益の取り方というのがあって、それがこのような動きにつながっているということだと思う。経済の専門じゃないから良く分からないけど、そんなクライアントが増えていることは事実です。

――ということは今後も?

山﨑 たぶん増えていくと思いますよ。従来のやり方じゃ成り立たないから。現に福祉施設などは時代に合わせて法制度が変わりつつありますから。

――利益志向から理念志向へ移行しつつあるということか。

山﨑 利益志向というのは、要するにコンサルティングだと思う。数字的なものを踏まえて提案するような感覚。一方、理念志向だといわば恋人みたいな感覚じゃないとたどり着けないと思う。

――恋人?

山﨑 具体例で言えば、かつて横浜関内の小さなレストランをデザインしたことがあります。店として差別化しなければならないという問題意識を持つ二〇代のオーナー。最初はレストランをやるという話だったんですけど、後でレストランじゃなくてもいいと言われて。じゃあ何をしたいのか。尋ねると、「学校の『部活』みたいな感じの店を作りたい」と言われたんですよ。

――部活動の部活?

山﨑 ええ。「それでは美しくないでしょ」とは思ったけど、言っていることは何となくわかったんですよ。まあスタバのサードプレイスみたいな感じですね。これを言い換えると、いままでのレストランは別の空間にいざなうものだったけど、そうじゃなくて生活の延長みたいな空間にしたいということなんですね。そして人が集う、つまりコミュニティができる空間を作るべきだということになった。

ではどうするか。そのためにはデザイナーによる「ジャンプ」、つまり「飛躍」が必要だった。ワイワイガヤガヤがいいのか、それとも人が集まるサードプレイスなのか……。よく建築学科の大学生が「これはコミュニティの場として設定しました」という提案をするけど、コミュニティってとても都合のいい言葉なんで、それだけじゃダメなんです。

「どういう会話」、「どういう気分」といった、コミュニティの細かい微分をしていって、正しく掴めるかどうかというのが肝だと思う。人は当然集まります。しかし、そこにある種の感情を伴った集い方をオーナーは願っている。それこそが、「部活」みたいな関係性の集まりなんだなと僕は捉えました。

六本木の巨大商業施設のレストランにもお客さんは集まります。その場合、他の客との関係性はゼロです。一方、この店では親密性を六〇~七〇%ぐらいにすることで、心地いい親密さにしなければならない——。そんな方向性です。

しかし、それを具体的に考えるのは難しい。「こんな状況って本当にあり得るのか？」と思った。そこで僕は他の頭脳をパートナーとして集めた。フラワーアーティストやコピーライターにも入ってもらって、見えない価値観を引き出していきました。

その結果出てきたのが、「花見をしている感覚」、あるいは「銭湯に行ってお風呂につかる感覚」というものです。親密性を数値で出すと六〇〜七〇%みたいな。これを九〇%までやるとクライアントの思いと外れてしまう。暑苦しくないけど、嫌ではない近さ。そんな感じが見えてきた。

では何が必要か。花見だったら花。銭湯だったら湯船。では今回は？　花は見ているようで見ていない。邪魔にならない。主張しすぎてないけどひとつのシンボルになっている。すると、色使いとしては、これはフラワーアーティストのアイデアですが「グリーン」かなと。お客さんとの距離は、もし声を掛けようと思えば声を掛けられるようなほどほどの近さがいいだろうとか。このようにディテールを詰めていくと、六〇〜七〇%の感じになんとなくなっていく。

その一方、経営判断でいうと、そういうデザインは合理的ではない。ちょっと席を詰めればお客さんをもっと座らせることができますからね。でも、六〇%だった親密性が八〇%になっちゃうかもしれない。座席数を増やせば増やすほど利益が上がる一方、当初めざした親密性が崩れてしまう。そこでオーナーは考える。そしてデザイナーに言うんです。「親密ってなんなんでしょうね？」と（笑）。まるで恋人同士の会話みたいじゃないですか。だから利益志向のデザインだとコンサルタントっぽくなって、理念志向のデザインだと恋人同士みたいな、ウェットな関係になっていく。

――デザイナーと話しているうちに、クライアントの考え方も深まっていく感じですかね。話し合いを通じて恋人みたいな関係になるんなら、話す場の雰囲気もそれっぽいほうがいいのかな。

山﨑　確かに、言葉がわっと出てくるような環境があるほうがいいと思う。先の話を補足すると、「六〇％ですか、それとも七〇％ですか」というのはコンサルティングの発想。「花見ですか、それとも風呂ですか」というのは感覚の問題で、人によって異なるもの。こんな問いかけは、最初は面食らうかと思いますけど、やっているうちに向こうも分かってくる。そういう面ではお客さんの頭の使いどころは変わってきますね。

── なんか口説きのテクニックみたい。

山﨑　榎本さんに言わせるとそれもテクニックかもしれないですね（笑）。みりんの甘さと砂糖の甘さの違いをデザイナーが分かっている感じですかね。でも次のステップとしてもっと大切なことがあります。「それがより普遍に通じるものなのかどうか」を精査すること。それこそがデザインということだと思う。普遍的なものを実現させていくことがデザイナーの役割だと思う。それがデザインの一番大事なところです。P（パーソナル）からG（ジェネラル）のところに持って行く感じ。

Ⅲ

── となると、デザイナーは常識人じゃないとダメですね。

山﨑　そうですか？

── だって、誰もが分かるものに変えていくわけですから。それを目指すわけですから。大多数の気持ちを理解している人じゃないとダメだということになります。

山﨑　ああ、そうですね。デザインとアートの違い、あるいは境界は何かという話に近いかもしれない。デザイン思考というと、それはアート領域の話だという誤解があったりしますけど、それについて考えてみましょう。

デザインが絡む仕事は通常、美しい状況を目標にしますよね。それは利益が出てきても美しい状況だし、共感を持たれるのも美しい状況。そして、それをアーティストかデザイナーかが作るわけですが、アートというのは個人的な世界と強いつながりがあることは確かです。一方、デザインというのは社会性と背中合わせだと思う。つまりデザイナーは社会的なものを前提にして物を作るものなのだと思う。僕が個人的にいいなと思えるのはアーティスティックなものだけど、――それが社会性と合致すればいいんだけど。

―― そうなるとデザイナーは常識人である必要があるということに……。

山﨑 なってしまうと思います。だからコミュニケーション力とか、相対化とか、体験、経験の豊富さを持つことで社会性との接点を増やすべきという話になっていくと思う。

話をまとめると、今後のデザインはコンサル的なやり方より恋人的なやり方をしないと、さらにシュリンクしていってしまうんではないかという思いがあります。そうなると、作られたものは自分の作品というべきなのかという問題も残ります。僕の感覚では、作品というよりも、仕事というほうがふさわしいと思います。

コンサルというのは、クライアントに対して経営とか運営のノウハウを提供する仕事だと思いますが、恋人的発想というのは、その先にあるエンドユーザーに対してデザインをしてあげる仕事だと思う。両者にはそういう違いもある。

榎本さんの本の中に、デザイン思考によって会社も救えるんだという話があったけど、実際に日本のデザイナーが経営に対してコンサルする事例も出てきていますね。それは要するに実際に使う人、つまりエンドユーザーのためにコンサルしていることなんだと思います。アートディレクションから経営に関わっているデザイナーがいますけど、今後はインテリアデザインとか社会福祉施設とかについても下りてくるはず。

社会福祉に関する従来の法律は、為政者側、運営側の立場から作られたものです。たとえば、子供の施設なら親を働きやすくするため。介護施設でも親を介護する時間を短縮させることで働き盛りの人が仕事をしやすくするためといった、社会の生産性を上げる（GDPを上げる）ための施設づくりを目的にしています。現状の社会福祉施設は、使う人（エンドユーザー）の立場と目的がかい離している建物なんです。それをもっと実際に使う人の立場で作らなければならない。それができるのは誰かと言えば、今のところ建築事務所しかないという状況なんです。そのようなゆがみというか、ひずみを直せる人ですね。

もしクライアントが「デザイン思考」の持ち主だったら、「本当にこういう施設でいいんだろうか」と考えるはず。しかし、そうじゃない人だったら「あそこの事務所は介護施設の実績があるからあそこで頼もう」ということになってしまう。用途や寸法も法律も専門的だから、同じところが同じものを作り続けることになりがちです。

でも一方で、それがいつまでも続くかなとは思いますよ。「デザイン思考」で考えるならば、「そもそも福祉っていうのは」という話になってきて、最終的に「違うんじゃないか」という話になるはずです。じゃあ、それを誰が作るかっていうと、コンサルもできないし行政もできない。そうなると、やっぱりデザイナーというか建築家の役割になっていく感じです。

―― その場合、まずは不満がないとダメですね。

山﨑　そうそう。まず疑問を持っている人が現れてくれることがベストですね。たとえ疑問がなくても、僕が「これって、それでいいんでしょうかねー」みたいなことをつぶやくと、「確かにそうだね。一理あるかもしれないね」と反応してくれるクライアントもいます。とはいえ本来的にはクライアントが問題意識を持つべきです。

――「現状で問題ない」という施設の経営者もいるんですか？

山﨑　それはいますよ。たとえば保育園。いまは待機児童が沢山いる状態なので、どこか実績のある福祉施設に対して行政が「補助金が出るから作ってください」と持ちかけるわけです。そして院長が金勘定してみると、確かに儲かると。しかも行政の支援があるから初期投資は四分の一で済んじゃうとなれば、何も考えずに作っちゃうんです。でもそれって、今はいいですけど「少子化が進む今後はどうなの」とも思う。二〇世紀と同じことになるんじゃないかと思って。

政治家でもないし、議員でもないから、制度にとやかく言うつもりはないけれど、「子供が減ったときにも選ばれる保育園を作りましょうね」というのが僕の立場。選ばれる保育園というのは、みんながニコニコしている、楽しいところ。今後のことを考えれば、子供にとっていい施設というのを必死に考えるべきじゃないのかと思うわけです。

――高度成長期には考えにくい発想だったけど、長期的な回収を考えないとダメな時代には極めて有効なスタンスに思えます。

山﨑　そうです。ここは先手を打てる場所だと思う。みんな当たり前のようにやっているから、「どうなの、ここは」というところが色々出てくる。新しいものを生み出せる場所でもあるわけです。

――冒頭の問いかけとも関係があるのですが、そのような発想に至ったというのは、時代に対する感受性と関係あるのでしょうか？

山﨑　あると思う。九・一一とか、三・一一とか。僕は一九七六年生まれです。この年生まれの建築家はそれ以前の建築家と大きく違うと思う。僕らの時代はバブル崩壊以降に仕事を始めているから、資本に対する期待とか憧れは全くない世代です。そういうポストバブル期のデザイナーがどういうインテリアデザインをするのかを、全世代の人々が注目しているところがあります。これまで注目されてきたのはバブル時代のインテリアデザイナーで、いわば「お客さんにお金をどう使わせるか」を目指して作っているような感じだった。そして僕みたいなポストバブル世代が作るものは違うのではないかと期待されてきた。インテリアデザインは経済状況と関係するから、当然違うものを作るんじゃないかと言われていたんですね。

我々の世代はどんなものだったかというと、まず一九九五年に阪神・淡路大震災とオウム真理教事件がありました。そのとき高校三年生だったから、大学で何を勉強すべきか考える際のヒントになったんです。阪神大震災があったことで近代システムに対する疑いの目を持つようになったし、オウムに関しては、（建築業界の人がよく言うように）都市空間から公共が消える事件だった。これまで非常階段とか都市には隙間があったけど、それが「あぶない」としてロックアウトされた。ではどこに隙間を求めたかというとクラブカルチャーみたいな空間だった。そうなると都市の見方は従来と変わってきます。

九・一一（二〇〇一年）が起きたのは社会人に

なる直前のことだった。アメリカの資本主義経済の行き詰まりみたいなものを感じて社会人になりました。リーマンショックがあった二〇〇八年は僕が独立した年です。その後三・一一（二〇一一年）があった。そのときは中国に行くんだけど、その理由として、日本がどうこうとかそこまで考えてはいなかったけど、ガクッとなっても困るなという思いはありました。

つまり、時代の状況が一番ダメなときと、自分が一番仕事をしなければならない時期が重なったんです。いま振り返れば、自分がどのような修練を積んでいくべきかを常に悩んでいたように思います。

そうなると、「建築に何ができるの」とか、「資本主義とか信じられるの」など、確かにミクロな状況では従来と変わらないのだろうけど、しかし大きな世界ではギャップが生じてくる。それを解決しないと、社会的な空間を作る建築ができないと思った。そんなジレンマを持つのが七六年生まれの建築家だと思う。そう考えると、少なくとも日本だけでやっていくのは危ないと思っていた。だから福島で大きな地震があったから中国に行ったわけではありません。

中国を眺めると、「鹿島建設が撤退」とかの情報が二〇一〇年ごろありましたけど、上の世代や大資本が失敗しているという話だから、自分、あるいは小さなデザイン事務所が海外に出て行くことはまた別の問題だと思っていました。上の世代の感覚でいう「危ない」は、自分には入ってこなかった。場所的に見ても、昆明は上海とは別の世界と捉えていたし、そこに入っていってもいいんじゃないか、面白いんじゃないかと思いました。面白いと思った理由については本の中（第Ⅱ部）で書いてくれていますね。

グローバルな経済は危ないとか行き詰るとか、それは専門家じゃないから詳しく分からないけど、「その中でデザインがどうあるべきか」は常に考えざるを得ませんでした。「デザインで何を、どう乗り越えられるか」という点では、中国に関わることで大いにヒントになったし、今の仕事の糧にもなっていますね。

―― 山崎さんの話を私なりにまとめると、資本主義にしても近代システムにしても、単純には捉えきれなくなっている。そのため、それらに対して深い洞察をしつつ、絡み合ったものをまとめあげる力が求められている。だからこそ、時代の要請としてデザイナー、あるいはデザイン思考が、幅広い分野で求められるようになっている……。

山崎　そうかもしれないですね。

―― デザイン思考の人が増えるとデザインの仕事はやりやすくなりますか。

山崎　もちろん。いいお見合い相手です（笑）。

―― デザイナーとデザイン思考家との区別は、「ジャンプ」ができるかどうかにあると私は考えています。これまでの話ですでに結論が出ている気もしますが、デザイナーを目指すデザイン思考家のために、改めてジャンプする秘訣を教えてください。

山崎　うーん。まあ、ある人と一緒にやったからこそ、すごくジャンプできるという感じがすごくありますね。糸満だったら、僕とシェフと地域プロデューサーで打ち合わせすると、建築でのジャンプをすると同時に、プロジェクト自体でもジャンプするから、結果としてすごい大きなジャンプとなりました。

そもそも、ジャンプするという表現自体、分かりにくいですよね。要するに最初考えていたことの想像を大きく超えていることなんでしょうけど。ジャンプっていうのは自分だけでやることじゃなくて、プロジェクトに参加している人が一緒になって生まれるものだとつくづく思います。僕はその瞬間をプロジェクトにかかわるみんなに共有してほしいと思う。それは劇的な変化というべきものですが、だからこそ、とても難しいものです。ノウハウにできるものではないと思います。あえて言えば、どうやって飛び越えようかと常に考えることこそが秘訣なのかもしれません。

おわりに

二〇〇九年八月に生活の拠点を中国・昆明に移していた筆者は、東日本大震災（二〇一一年三月一一日）のとき、いましろたかしさんの漫画『原発幻魔大戦』の主人公のように、中国から日本を心配して眺めていた。

そして一年後、外部で暮らす者から見ると、世界における日本の存在感はどんどん失せているように感じられた。

その危機感は、日本人として、いや「日本」というアイコンを利用して飯を食っている者として、切実なものだった。

日本という国が蓄積してきた様々な背景、土台を踏まえながら、もう一度キラキラした国を作るためには、従来にない「プラスアルファ」の発想が求められていると思う。

筆者はこれまでビジネス的なことが好きになれず、そこから避けるように生きてきた。一方、ビジネス以外のこと、たとえば芸術や文化で飯を食おうと思っても、才能がなければなかなかできることではない。そもそも、厳しい世界で生き抜こうという気概も持ち合わせていなかった。しかし、飯を食うためには働かなければならない。だからビジネスの世界でなんとかしのいでいくほかなかった。

ところが、デザイナーと出会い、「デザイン思考」を身に付け、デザインの仕事をするようになると、いままで蓄積してきた無駄知識がつぎつぎと役に立つのだった。

それはまるで「あそびにん」が一定の時間を経て「賢者」に変わるドラクエみたいな感じだった。自分が賢者だと言う気は毛頭ないが、そんな気になったことは確かだ。
成熟した日本には、筆者のような無駄なことばかりして金にならない人々がたくさんいると思う。そんな人々が、「デザイン思考」を使って日本を救う。こんなすじがきが実現したら、結構なハッピーな日本が待っているといえるのじゃないだろうか。

二〇一五年一〇月

榎本 雄二

榎本雄二（えのもと・ゆうじ）
中国文化を専門とするライター。1968年東京生まれ。雲南省昆明市に在住。早稲田大学卒、東京都立大学大学院修了。共著に『大上海』（情報センター出版局）。情報サイト「All About」の雲南ガイド。昆明では雲南大学で日本語を教えつつ、現地会社「雲南弘佳装飾集団」で高級顧問、子会社の「KCD」で主席コンセプトデザイナーを担当。

深津泰彦（ふかつ・やすひこ）
インテリアデザイナー。1964年東京生まれ。1990年、武蔵野美術大学卒。同年、鹿島建設株式会社入社。1996年、アメリカHBA出向勤務。1998年、鹿島AE設計本部インテリアデザイン部。2005年、HBA TOKYO JAPAN勤務。同年、YAZ Design Associates設立。2011年、YAZ Design International設立。

山﨑健太郎（やまざき・けんたろう）
建築家。1976年千葉生まれ。2002年、工学院大学大学院修了。2002年、入江三宅事務所入所。2008年、山﨑健太郎デザインワークショップ設立。2013年、JCD DESIGN AWARD金賞。2014年、日事連建築賞会長賞。2015年、日本建築学会作品選集新人賞。GOOD DESIGN賞特別賞。AR Emerging Architecture Awards（英）受賞。

李宣怡（イ・ソンイ）
インテリアデザイナー。1968年韓国生まれ。1993年、日本デザイナー学院インテリア科卒業。同年、平尾寛一級建築士事務所入所。1997年、株式会社アルテリア入社。2007年、FRAMEWORKS設立。2011年、韓国のソウルでもFRAMEWORKS設立。韓国ユニクロ1号店設計をはじめとする店舗設計や、日本と韓国、中国の商業施設（ショッピングセンター）の環境設計を数多く手掛ける。

デザイナーの頭の中を覗《のぞ》く
——ビジネスで使える「デザイン思考」

2015年12月20日　初版第1刷印刷
2015年12月30日　初版第1刷発行

著　者　榎本雄二
発行人　森下紀夫
発　行　論 創 社
〒101-0051 東京都千代田区神田神保町2-23　北井ビル
tel. 03（3264）5254　fax. 03（3264）5232　web. http://www.ronso.co.jp/
振替口座　00160-1-155266
印刷・製本／中央精版印刷　装幀／宗利淳一＋田中奈緒子
ISBN978-4-8460-1487-2 ©2015 Enomoto Yuji, printed in Japan
落丁・乱丁本はお取り替えいたします。

論　創　社

初めてデザインを学ぶ人のために◉大竹誠

ある大学授業の試み　デザインは誰にでもできる！　授業のプロセスに使用した、900枚のデッサンを自由自在にあやつりながら、その一枚いちまいに丁寧な批評を加えた異色のデザイン講座。　**本体2200円**

中国「戯れ歌」ウォッチング◉南雲 智

「毛沢東の指示で　田舎に行かされた　鄧小平の指示で商売やらされた　江沢民の指示で　休職させられた」など130篇の戯れ歌を解読し現代中国の最近事情にせまる。歌に溢れ出す中国民衆の本音と逞しさ！　**本体1800円**

上海今昔ものがたり◉萩原猛

上海～日本交流小史　2005年以来毎年のように上海に旅した著者は出会った上海人から上海の中で今も息づく「日本」〈戦禍の跡・建物・人物交流等〉を知らされ、上海～日本の深い繋がりに注目する。　**本体1600円**

精撰　社長の手帳◉佐藤満

言葉の力と夢の実現。あなたが自分の行きたい高さを決めれば、そこがあなたの行くところである。海外資本数社の社長を歴任した著者による〝勇気の出る〟貴重な格言とエッセー。　**本体1300円**

シルバー・ジョーク◉鳥賀陽正弘

笑う〈顔〉には福来る　商社マンとして世界を飛び回った著者が、そこで出会った老化にまつわるユーモア溢れるジョークを厳選し紹介。誰もが抱える悩みやストレスを笑いに変えて解消する。　**本体1500円**

八十歳「中山道」ひとり旅◉菅卓二

初夏の中山道（五三〇キロ）を二十余日かけ二度踏破した著者が、武州路・上州路・東信濃路・木曽路・美濃路・近江路「六十九次」の《隠された見所》を紹介しつつ、《出会った人々》とのエピソードを語る。　**本体1800円**

「寅さん」こと渥美清の死生観◉寺沢秀明

「寅さん」晩年の８年間、芸能記者の枠を越えて親交のあった著者が、その〈知られざる素顔〉を「映画をみる眼」「渥美さんの女優観」「大磯の幽霊」など、豊富なエピソードで明らかにする。　**本体1600円**

好評発売中